Ciel

my
Life
my
Style

Ciel
蔚藍海岸的藝術館之旅

作者／李依依
攝影／李依依
主編／何珮琪
設計編排／李依依、張祺君
封面設計／李依依
校對／謝惠鈴
發行人／施嘉明
總編輯／方鵬程
編輯部經理／李俊男
出版發行／臺灣商務印書館股份有限公司
編輯部／臺北市中正區重慶南路一段 37 號
　　　　電話：(02) 2371-3712
　　　　傳真：(02) 2375-2201
營業部／臺北市大安區新生南路三段 19 巷 3 號
　　　　電話：(02) 2368-3616
　　　　傳真：(02) 2368-3626
讀者服務專線／0800-056196
郵撥／0000165-1
E-mail／ecptw@cptw.com.tw
網址／www.cptw.com.tw

局版北市業字第 993 號
初版一刷／2013 年 9 月
定價／新臺幣 380 元

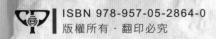

an art journey
in the south of France
蔚藍海岸的藝術館之旅

李依依
Li YiYi

在蔚藍海岸，與藝術相遇

湛藍純淨的天空、漂泊的白雲、淨美柔軟的沙灘、迷人的地中海風光與氣候，是提起法國南部令人嚮往的渡假勝地蔚藍海岸，必定浮現腦際的形象。透過李依依的《蔚藍海岸的藝術館之旅》，令人驚豔的是，蔚藍海岸不僅有獨特絕美的自然風光，也是人文薈萃、充滿藝術氣息之地，處處與藝術相遇。

在李依依理性與感性兼具的筆下，我們彷彿隨著她造訪了蔚藍海岸城市的美術館，如蒙彼利耶（Montpellier）的法伯美術館、艾松普羅旺斯（Aix-en-Provence）的塞尚畫室、亞爾（Arles）的荷阿圖美術館、尼斯（Nice）的夏卡爾美術館與馬諦斯美術館、安第布（Antibes）的畢卡索美術館、瓦洛利（Vallauris）的國立畢卡索美術館、聖保羅德芳斯（Saint-Paul de Vence）的弗隆禮拜堂、濱海卡涅（Cagnes-sur-Mer）的雷諾瓦美術館，以及畢歐（Biot）的國立雷傑美術館等。

這一趟美術館之旅，猶如研讀了一部西洋美術史，從中古世紀到現當代的藝術，從古典、新古典主義、浪漫派、寫實主義、印象派、立體派、野獸派、超現實主義等不同的藝術流派的作品，一一出現在這個旅程中。在作者清晰、精闢的解說下，我們透視了藝術家的創作理念，知道了對於幾乎與艾松普羅旺斯劃上等號的塞尚，「線是不存在的，明暗也不存在，只存在色彩之間的對比。物象的體積是從色調準確的相互關係中表現出來。」

立體主義畫派的畢卡索和野獸派的馬諦斯都受了他的影響；了解了為何梵谷來到亞爾之後，作品以黃橘色調為主；領悟了為何夏卡爾晚期的作品，充滿無盡的愛；知道了馬諦斯不僅擅長繪畫，同時精於雕塑，在七十多歲時，從事剪紙藝術，開拓另一個藝術高峰；明瞭了杜菲「始終堅持使用鮮明的色調，融入透視的空間、簡練幾何的圖形」；清楚了為何克萊因（Yves Klein）對單色畫著迷；明白了在《綠色背景的女人》畫作中，畢卡索大玩線條與結構遊戲；了解了為何印象派大師雷諾瓦放棄了以素

讓我們看見地中海文化的魅力

描作為底圖的方法；知曉了對於喜愛以黑色創作的抽象畫大師蘇拉吉（Pierre Soulages）而言，「黑色的繪畫流著無聲的黑色力量」⋯⋯

　　旅程中，品味藝術的同時，作者以人文關懷的視野介紹每一座造訪城市的歷史、風土與特色。這一趟結合人文與藝術的深度之旅，是心靈的一大饗宴，令人終生難忘，值得再三回味。

劉順一

國立中央大學法文系副教授

　　如果我的朋友要我給意見，去法國一定要去什麼地方？我會說，一定要去巴黎。那麼，去巴黎一定要去什麼地方？我會說，一定要去美術館。但是，我同時也會建議我的朋友，最好能夠安排更多的時間，去巴黎以外的地方。

　　例如，要去諾曼第或布列塔尼，去觀賞法國西北部的農業與靠海省分，可以看到一些塞爾提克的文化遺址。我也會建議朋友，要去羅瓦爾河河谷，參觀文藝復興時期的城堡。再往南，也可以去隆河流域，徜徉在亞維儂古城或附近的羅馬遺址之中。當然，我一定也會建議，要去普羅旺斯與蔚藍海岸；但不要只是去看遊艇或者有錢人的別墅。

　　對於那些嚮往普羅旺斯與蔚藍海岸的朋友，我會建議他們，要去普羅旺斯的塞尚故居，才能了解晚期的塞尚筆下那種空氣中不帶濕氣的南方風景，要去安第布參觀畢卡索美術館，也就更能體會他生命中屬於地中海地區的拉丁靈魂。這個地方，不但有美

當百多年前藝術家紛往南法尋求強烈光線以後

麗的風景,也有豐富的藝術。事實上我並不熟悉蔚藍海岸,只是曾經因為洽談文化交流,分別在不同季節去過普羅旺斯、馬賽、坎城與尼斯,都是速去速回,並沒有足夠時間鉅細靡遺地走過所有心中想去的地方。這應該是我的法國經驗之中的一項遺憾。然而,李依依的這一本《蔚藍海岸的藝術館之旅》卻彌補了我的遺憾。

李依依有著來自她內心的豐富感性生命力,使她對於美麗的事物容易產生感動,也有著敏銳而細膩的觀察力與領悟力,使她又能夠捕捉感動的剎那,透過文字傳達出來。當這些感動進入讀者的心靈,也就讓人彷彿自己親身去過她曾經歷的地方。這本書不僅彌補了我的遺憾,似乎也已觸動了我想要旅行的心情。地中海的碧海藍天,那是一種不同於巴黎的魅力。

廖仁義

國立臺北藝術大學博物館研究所教授

如同英文書名所顯示的,這本書談的其實是法國南部的藝術之旅,它不止包括引人入勝的蔚藍海岸,也包括一部分的普羅旺斯和較東南的地帶,像是蒙彼利耶。

這書看結構像是導遊書,所以可當作一本以南法的藝術資源為主體的深度旅遊嚮導。對於這種不同流俗的介紹導覽,是我覺得國內比較缺乏的,再加上法國南部在藝術史和藝術收藏上確實具有重要的地位,我樂於為此書寫篇序文,推薦大家一讀。

當旅遊者來到此地時,首先感受到的是種特殊的「風土性」,這時再對比美術館內所見的繪畫,其光線、色澤、主題,往往就能有一種豁然貫通、原來如此的領悟。這樣的經驗會是人生一種深刻的體會和記憶,於是,作者也把它寫成了個人遊記,加了自己的經驗和遭逢。

有別於一般提供藝術史資訊,甚至必看名作特定收藏角落的旅遊指南,這更是一本「有我之書」,可以讓去過的

讀者發出似曾相識的共鳴，並使沒去過
的讀者更加嚮往。

　　記得過去在法國留學的年輕時
光，我自己也曾經背著簡單行囊，
在南法作過數次藝術的追尋之旅。
在夏日美麗耀眼的天光下，一一去
拜訪南方各城市的藝術榮耀，這是
學習之旅，回首看來，也是難得的
人生時刻。甚而，書上未列入的馬
賽當代藝術的活躍，曾給我留下一
種古今相疊的異樣感覺；單獨一人
來到聖托貝港，感受到美術館門外
遊艇競相奢華、門內卻是有許多內
斂精采的畫作，更令人震撼無比。

　　這日子遠去，只有藉由李依依這
本《蔚藍海岸的藝術館之旅》進行「臥
遊」。可喜的是，它成功地給了我這種
感受。

林志明
國立臺北教育大學藝設系
教授兼系主任

目錄

10 蒙彼利耶 Montpellier
法伯美術館 Musée Fabre

32 艾松普羅旺斯 Aix-en-Provence
塞尚畫室 Atelier de Cézanne
格哈內美術館 Musée Granet
瓦沙雷基金會美術館 Fondation Vasarely

68 亞爾 Arles
荷阿圖美術館 Musée Réattu

88 尼斯 Nice
夏卡爾美術館 Musée Marc Chagall
馬諦斯美術館 Musée Matisse
尼斯美術館 Musée des beaux-arts de Nice
尼斯現當代美術館
Musée d'Art Moderne et d'Art Contemporain

146 安第布 Antibes
畢卡索美術館
Musée Picasso

160 瓦洛利 Vallauris
國立畢卡索美術館
Musée National Picasso

168 濱海卡涅 Cagnes-sur-Mer
雷諾瓦美術館 Musée Renoir

178 聖保羅德芳斯 Saint-Paul de Vence
弗隆禮拜堂 la Chapelle Folon
瑪格基金會美術館
La Fondation Marguerite et Aimé Maeght

208 畢歐 Biot
國立雷傑美術館
Musée national Fernand Léger

MONTPELLIER
蒙彼利耶

建於十七世紀末期的「凱旋門」。

蒙彼利耶（Montpellier）是法國朗格多克－魯西永大區（Languedoc-Roussillon région）首府和埃羅省（Hérault）省會，離地中海僅有 7 公里，西元 8 世紀起即以香辛料的貿易而開始繁榮起來。自 1220 年創立大學以來，便以學院都市發展至今，特別是蒙彼利耶大學的醫學院，是全歐洲歷史最悠久的醫學院。此外，城市西北有一處法國最古老的植物園，建於 1593 年。16 世紀時蒙彼利耶因宗教戰爭遭到無情的戰火破壞，直至成為朗格多克首府後才又繼續發展。目前人口約有 26 萬，為法國第八大城市，也是近二十五年來發展相當迅速的大城市之一。

數度來到蒙彼利耶。一位大學好友曾在蒙彼利耶大學中文系任教，基於這點緣分，讓我對這個南法大城懷抱著多一份的熟悉與親切。除了友情的加分之外，坦白說，蒙彼利耶並不太能夠吸引我，但只要向法國友人提到蒙彼利耶，這個城市居然能得到一致好評，對於嗜海如命的法國人而言，蒙彼利耶距離海灘不遠，氣候宜人，城市尺度大小適中，沒有過多擁擠吵鬧的觀光客，取而代之的是度假氣氛濃烈的休閒步調。

散步到蒙彼利耶市中心的另一頭，這裡有令人熟悉的「凱旋門」（L'Arc de Triomphe）。紅、白、藍三色構成的法國國旗在頂端飄揚著，此門建於十七世紀末期，即路易十四的鼎盛時期。當時是用來取代中世紀的一座古城門，並紀念路易十四王朝的光輝事件，如軍事的勝利、南運河的開工建造，以及南特法令的撤銷。凱旋門的另一側，則可看到建於十八世紀的古蹟「聖・克萊蒙水道橋」（Saint Clément Aqueduct）。

建於 18 世紀的「聖・克萊蒙水道橋」。

上二圖／緊鄰水道橋的寬敞公園。

此水道拱橋長約880公尺，主要是為了接引位於14公里外的聖‧克萊蒙泉水，以供應蒙彼利耶城市內的用水，如今水道橋旁緊鄰著一座寬敞公園，由於位居高處，視野絕佳，旅人們得以在此享受心曠神怡的綠意寧靜。

　　猶記首次來到蒙彼利耶時，好友向我提到：「我家旁邊好像有個美術館，你可能會有興趣。」她家的確離美術館相當近，對於寄宿在她的公寓的我而言，真是一大方便。這座美術館名叫法伯美術館（Musée Fabre），一個外表看起來樸素無華，內部卻讓我震撼不已的美術館。從第一個房間到最後一個房間，彷彿親身遊歷在一部西洋美術史之中，自十五世紀到當代藝術，脈絡清晰明確，參觀起來相當充實且舒適。

　　我與法伯美術館的第一次相遇，是在幾年前秋季一個星期三的上午，同時間的其他參觀者僅包括：兩位年輕的德國女孩（完全符合村上春樹寫的：「走到哪裡都會碰到德國觀光客！」）、一對老夫妻、兩位老太太、一名年輕男子，以及我這位東方人，僅此而已。

能置身一座優秀的美術館中，
且周圍沒有太多參觀者時，我總
會默默在心中竊喜著。

蒙彼利耶市中心的喜劇廣場 (place de la Comédie)，總是聚集許多人潮。

法伯美術館
MUSÉE FABRE

　　法伯美術館被譽為法國最美麗的美術館之一，最初由於法蘭索‧札維耶‧法伯（François-Xavier Fabre, 1766-1837）向政府捐贈了一批藝術品，讓美術館得以在 1828 年正式成立。由於古典與現代建築風格融合於一體，法伯美術館已然是一座獨具特色的美術館，重要典藏品近八百多件，使其成為歐洲排名前列的美術館之一，美術館於 2007 年 2 月整修完成後再度重新對外開放，至今已超過百萬參觀人次，參觀者除了可欣賞典藏品常設展之外，也可能會遇上美術館正在舉行的盛大特展，比如 2009 年的慕夏（Alfons Mucha）特展、2008 年的錄像藝術展、普桑（Nicolas Poussin）特展、庫爾貝（Gustave Courbet）回顧展等。

　　拿著美術館的小地圖手冊，從一樓開始參觀起。

　　首先會先進入挑高寬敞的展廳，名為「傑和曼‧瑞希耶」（Cour Germaine Richier），這是為了紀念這位蒙彼利耶的雕刻家，目前空間用來展示當代藝術作品。接著可以選擇不同的小展廳進入參觀，如果不想錯過任何一間，建議照著地圖指標前進。展間 1 到 8 主要展示 16 至 17 世紀的荷蘭畫派畫作，較知名的如魯本斯的作品，而在 8 號展間中，可看到數件由「Bamboccianti」所繪的風

法伯美術館入口處

俗畫派作品，所謂的「Bamboccianti」一詞，泛指一群以描繪羅馬市井小民生活為主的北方畫家們。在這一連串的中小型展間裡，得以完完全全沉醉在欣賞那些十五至十七世紀的小畫之中，視覺當然很輕易會被大畫作震撼著，但相較之下，我好像反而更有意願走進中小幅畫作之中，在如此迷你的方寸之間，畫家把生活場景片段，或神話故事場景搬到畫布上，極為細膩巧妙的線條，構成建築、人物、風景等輪廓，如此的一幅畫，就掛在你面前，可以走得非常近觀看，看著裡面上演的情節，想像人物的對話；想像如詩如畫的風景，當年是吹拂著何等溫柔的微風；想像大地被何等溫煦的陽光輕覆著，好像站在時空隧道的入口處，彷彿定神專注地凝視，就能穿越到古老時光。

　　展間 9 到 19 展示十五至十八世紀的歐洲繪畫與雕塑，值得一提的是編號 18 的「廊柱展廳」，大約建於 1875 年，擁有極高的天花板，自然光線從天窗灑落，當初主要是為了陳列亞弗德・布雅斯（Alfred Bruyas）的收藏與早期大師經典畫作，如今，牆上展示著路易十四至路易十五時期，尺幅巨大的法國繪畫，可看到當時知名的藝術家如查理・約瑟夫・那多（Charles Joseph Natoire）、讓・法蘭索・德洛瓦（Jean François de Troy）、查理一安東尼・夸裴（Charles-Antoine

左／進入法伯美術館的第一個展廳　右／新古典主義時期的繪畫與雕塑

編號 18 的「廊柱展廳」，自然光線從天窗撒落。

Coypel）等人作品。

　　展間 20 到 28 屬於新古典主義時期的繪畫與雕塑，編號 21 為「大衛展廳」，展示法國新古典主義的三位重要藝術家畫作：大衛（Jacques Louis David）、大衛的老師維恩（Joseph-Marie Vien），以及法蘭索—安德烈・文生（François-André Vincent）。此外，還可看到兩件傑出的白色大理石雕塑《夏》、《冬》，創作者為讓—安東尼・烏東（Jean-Antoine Houdon）。 編號 27 與 28 為「法伯展廳」，顧名思義，展示藝術家暨收藏家，同時亦為法伯美術館創辦者的法蘭索—札維耶・法伯作品，法伯曾是大衛的學生，1787 年贏得「羅馬大獎」後知名度大增，這裡展示了他當年獲羅馬大獎之畫作的草稿、逝世前兩年的晚期自畫像等作。

　　自編號 29 展間開始，作品時期開始跨入到十九世紀上半葉，由大衛領軍的新古典主義遭到浪漫主義的抨擊，此時的法國藝壇呈現了安格爾（Ingres）與德拉克洛瓦（Delacroix）兩派對立的情況，在展間 32 號中可看到德拉克洛瓦的兩件經典作品：《室內的阿爾及爾女人》、《摩洛哥的軍事演習》，畫面洋溢著北非異國情調。1832 年的一趟北非之旅，為德拉克洛瓦敞開了一個嶄新的視野，從阿拉伯人和猶太人的生活、不常見的動物、拜倫（Byron）詩句裡的意象，到土希戰爭的典故，皆能成為德拉克洛瓦作品的主題。該展間還有浪漫派藝術家保羅・烏埃（Paul Huet）、傑里柯（Géricault），以及德拉克洛瓦的雕刻家友人安端・路易・巴里（Antoine Louis Barye）、英國畫家波寧頓（Richard Parkes Bonington）的作品。

　　接著展間 33 則是「安格爾與藝術學院」，可看出當時學院派主要沿襲的依然是新古典主義風格，其中安格爾作品《史特拉透妮絲和安條克》（Stratonice et Antiochus）描繪的是敘利亞王國的故事，躺在床上的是患了相思病的王子安條克，國王不解為何王子總是悶悶不樂且食慾不振，請來名醫希望不惜一切代價救治王子，名醫發現原來王子患的是心病，他愛上的居然是即將成為父親妻子的史特拉透妮絲，最後國王決定把她賜與王子，讓有情人終成眷屬。在 1774 年，大衛即以這個故事主題，描繪了一幅《史特拉透妮絲和安條克》而獲得羅馬大獎。

　　如果說德拉克洛瓦帶來浪漫主義的高潮，那麼庫爾貝（Gustave Courbet）就是寫實主義的革新者。庫爾貝是波特萊爾（Charles Baudelaire）的好友，他接受

「廊柱展廳」，展示 15 至 18 世紀的歐洲繪畫與雕塑。© Musée Fabre de Montpellier Agglomération

波特萊爾的建議，在作品中表現日常生活事件，他認為浪漫派過於強調情感和幻想的做法，是一種逃避現實的行為，他曾説：「我不畫天使，因為我從來沒有看過天使。」在編號 37 的「庫爾貝展廳」中，觀者可以看到 16 件庫爾貝作品，包括重要作品如《波特萊爾的肖像》、《相遇》（La Rencontre）、《浴者》（Les Baigneuses）等。而作品《帕拉瓦絲的海邊》（Le Bord de mer à Palavas）中，畫面左下方有一黑色小人影，望著大海而左手高舉，畫面給人無限想像意境，對我而言，這是寫實主義中的一股浪漫想像。

庫爾貝展間之後，則進入到印象派作品。編號 39 為「巴齊耶展廳」，佛德列克·巴齊耶（Frédéric Bazille, 1841-70）是法國印象派的先驅者之一，他出身上流社會（銀行家族），年輕時就對德拉克洛瓦及庫爾貝的作品感興趣，相當具有藝文素養。他依父親的願望學醫，但 1862 年北上巴黎，開始轉向繪畫藝術，進入巴黎美院的葛列爾（Charles Gleyre）畫室，在那結識了莫內、希斯里（Sisley）及雷諾瓦等藝術家友人，共同成為了早期印象派的核心人物群。才華橫溢的巴齊耶早期受巴比松畫派影響，而後轉向戶外寫生，他曾是莫內早期繪畫生涯的經濟贊助者，也是印象派首位戶外群像畫的帶頭者。可惜，在 1870 年的普法戰爭期間，

未滿 30 歲的他在一次戰役中去世，因此並沒有留下太多作品，是印象派中一位容易被後人遺忘的優秀畫家。在法伯美術館內，陳列著 14 件精采的巴齊耶作品。

我們現在通稱的現代藝術，指的是發展自十九世紀末的藝術潮流，也有人認為印象派是現代藝術最早的風潮，因為它捨棄了學院派的傳統法則。

編號 42 的「現代派展間」，展有二十世紀初的法國藝術家作品，如馬諦斯（Matisse）、杜菲（Raoul Dufy）、德洛涅（Robert Delaunay）等人，涵蓋了分光法（divisionnisme）、點畫派（pointillisme）、野獸派（fauvisme）、未來派（futurisme）等藝術流派。而在編號 43 的「巴黎畫派廊道」（L'École de Paris）中，可明顯感受到現代藝術的發展潮流轉向了抽象繪畫，如畢席耶（Roger Bissiere）、女性藝術家妲希瓦（Vieira da Silva）、尼古拉‧德斯塔（Nicolas de Staël）、塞吉‧波利亞科夫（Serge Poliakoff）、阿帕德‧塞奈什（Arpad Szenes）等人作品，甚至還可看到一件華裔法籍的藝術家趙無極的作品。

在二十世紀初至第二次世界大戰之間，活躍在國際藝術中心巴黎的一群藝術家，被總括為「巴黎畫派」，此時也正是兩次世界大戰期間，藝術思潮出現達達、超現實主義和抽象藝術等趨勢之外，追求具象表現的藝術家們，多是來自外國的異鄉人，包括畢卡索、米羅、莫迪里亞尼等人，當時知名的藝評家安德烈‧華諾（André Warnod）將他們通稱為「巴黎畫派」，他們並沒有共同的美學主張，而是超脫傳統藝術，追求自我的造形表現，並進一步建立個人的獨特風格。

編號 44 是一個特殊展間。讓‧雨果（Jean Hugor, 1894-1984）在 1920 年代曾是畢卡索、考克多（Jean Cocteau）、拉弗雷斯（Roger de La Fresnaye）的助理，之後他搬到法國南部呂內爾（Lunel）附近的小鎮福格（Fourques），度過人生的後半輩子直到逝世。

雨果有隨身攜帶速寫本的習慣，只要一有靈感，他便在本子上記錄下來，他的油畫創作基本上都是從速寫草稿發展而成。欣賞雨果的作品，不禁讓人聯想到法國素人藝術家亨利‧盧梭（Henri Rousseau, 1844-1910），他們的繪畫有一個共同特徵，就是創作者皆以天真的雙眼觀看他們眼前的世界，畫面才能夠透露出如此原始、純粹、純真、愉悅的氣氛。當周圍的藝術家朋友們都迫不及待想趕上潮流的浪頭時，要能保持自己「為何而畫」的初衷，其實並不是件容易的事情。

　　結束 45 號展間後，接著便進入當代藝術家皮耶・蘇拉吉（Pierre Soulages）的捐贈作品展區，共有兩間，安靜展廳中，蘇拉吉的黑色繪畫流露著無聲的黑色力量。即使是再次欣賞眼前這批相同作品，依然深覺震撼、感動，巨型的黑色畫作並沒有使用外框保護，因此觀者可以走近觀看顏料的肌理，如果你用黑色顏料把整塊畫布填滿，會產生單一的引力，但那是顏色產生的效果，不是藝術家本人，然而，在蘇拉吉的作品中，黑色固然是作品的一大核心要素，不過最重要的是藝術家運用黑色顏料的想法和技法，賦予色彩生命，給予畫面詩意。

　　最後一件作品，一道乾淨的清水混凝土牆，一件五聯幅的巨作置於眼前，坐在長條沙發椅上，白色陽光從背後的不透明窗照射進來，面對這些作品，需要注入緩慢的時間才能領略箇中意境，無疑是接近禪學的當代繪畫。

編號 47 展廳，「皮耶・蘇拉吉」捐贈作品展廳。

皮耶·蘇拉吉
Pierre Soulages

二次大戰結束後，抽象畫無論在美國或歐洲，占據了世界藝壇的舞台，在法國，尤其在巴黎，畫家們追求更自由的表達，追求富於靈感的圖案，這個傾向的代表，就是當時還沒沒無聞的年輕畫家皮耶·蘇拉吉（Pierre Soulages）。1919年，蘇拉吉出生在法國西南方的羅德茲市（Rodez），1938 年他前往巴黎學畫，接觸到塞尚、畢卡索這批大師們的作品。二戰期間，蘇拉吉避居蒙彼利耶郊區，正是在這段時間，他首次聽到人們談論抽象畫，自此開始，他便走向抽象創作之路。

1946 年戰爭結束，蘇拉吉和妻子再度移居巴黎，此時作品為暗色調的抽象畫，並經常只使用黑色，這個他自孩童時期開始便鍾情的顏色，「黑色，是一種使我們回憶起繪畫起源的原色。」他經常回憶道：「從我做作業的窗戶望出去，可以看見對面牆上的一塊瀝青，我常常盯著這塊瀝青取樂。我很喜歡它……中間部分顏色均勻，表面光滑，其他地方凹凸不平，瀝青的不均勻，令人想像出各種圖案……我看到瀝青的黏性，也看到把瀝青甩到牆上的力量，垂直的牆面、瀝青黏度，還有牆上的石頭，造成這塊瀝青深淺不同的顏色。」

1947 年他參加了超獨立派畫展，他的作品與戰後那些色彩豔麗的畫作截然不同，立即引起大眾的注意。

1949 年舉辦了生平第一次個展，那一年他 30 歲，展出的作品都是小畫紙，上面畫有許多寬條紋，條紋色調相同，材料也相同，但並非油彩，也不是水彩或墨

皮耶‧蘇拉吉　壓克力、畫布
181×244cm　2009 年 2 月 25 日

水，而是核桃皮染料，這種褐色的木工染料取自核桃果實的青皮，通常用於塗在木頭表面，營造核桃木似的肌理。蘇拉吉這種暗色調的繪畫，迴避了任何對自然的參照，他追求非模仿性、追求抽象性。

　　和同時代的紐約畫家（如波洛克〔Jackson Pollock〕、德庫寧〔Willem De Kooning〕等人）以動作表達某種情感相反，蘇拉吉追求的不是情感表現，而是某種理性的建構與平衡。

　　誠如他曾説的：「我感興趣的不是手勢，而是手勢在繪畫中的體現……」他只重視形式、色彩、內容、材料之間的關係。由於他不要任何情節，所以他把自己的作品一律稱為「畫作」（Peinture），然後加上創作日期和畫幅尺寸。當他談論自己的作品時，總是很仔細地講出作品的尺寸以及有關的材料，例如畫框的形狀、掛畫的方法、顏料和使用顏料的工具和方式。

　　發展到 50 年代時，蘇拉吉已經聲名遠播，他獨愛土色、赭色及黑色，更刻意運用這幾色製造出明暗效果，以剖刮的方法製造顏色的明亮度，亦即刮下幾層顏料，使內層顏色暴露出來，並藉著透明和不透明的手法，使得底色與上層顏色融合，進而能顯出光線遠近、密集的效果。當時巴黎的現代美術館、倫敦泰德美術館、里約熱內盧現代美術館、華盛頓菲利普美術館、紐約現代美術館跟古根漢美術館等國際藝術機構都已典藏了他的作品。

　　在法伯美術館這兩間蘇拉吉作品展廳中，窗外陽光間接透入，觀者穿梭在數幅黑色作品之間，或靜下心坐在大幅的黑色作品面前，深刻體驗蘇拉吉最具代表性的黑色創作。如果伊夫‧克萊因（Yves Klein）創造了「克萊因藍」（Klein Blue），那麼真應該有一種黑色，名為「蘇拉吉黑」（Soulages Black）。

　　這類的黑色畫作約開始於 1979 年，顏料在畫筆和刮刀的運用下，形成粗闊的

筆觸，他曾說到：「肌理的差異性很大，或平順纖細，或交織粗糙，或沉靜、繃緊，或激盪澎湃，且因其對光線的接收與抗拒，產生蒼灰或深黑的效果。」「我希望當人們站在我的畫前觀賞時，能覺得他是和他的自我在一起。」

　　如今流連在他的作品前，我覺得我是和我的自我在一起。因為沒有任何其它色彩，亦沒有任何形象，雙眼只能凝視畫作，事實上畫作裡什麼也沒有，在這種情況下，深藏在內心的那個自我於是被突顯而出，他想傳達什麼樣的訊息？正因為「無」，才能產生更多的「有」。

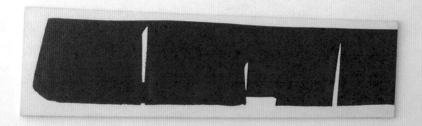

法伯美術館編號 46 展廳，「皮耶‧蘇拉吉」捐贈作品展廳。

薩巴帝耶館邸
L'HÔTEL DE CABRIÈRES-
SABATIER D'ESPEYRAN

上二圖／薩巴帝耶館邸除了典藏品的常態展示之外，不時會舉辦小規模的有趣特展。

　　離開法伯美術館後，別忘了旁邊小巷內的裝飾藝術館：薩巴帝耶館邸（l'Hôtel de Cabrières-Sabatier d'Espeyran），憑法伯美術館的門票即可進入，因為這裡屬於美術館的一部分，在 2010 年 2 月正式對大眾開放參觀。

　　建築物本身原屬於薩巴帝耶（Sabatier d'Espeyran）家族所有，1967 年根據薩巴帝耶夫婦的意願，府邸一樓的家具與他們收藏的十八世紀家具與工藝品，全數捐贈給市政府。直到 2002 年，古董商盧安戶（Jean-Pierre Rouayroux）的藝術品捐贈再度使美術館藏品更為豐富，經過整修調整後，終於讓該棟建築正式成為法伯美術館的裝飾藝術區展館。

　　走入其中，體驗濃郁的法式優雅，滿是十八、十九世紀貴族階層的奢華擺設，繁複裝飾線條的裝潢與精緻家具，彷如進入電影場景裡，連參觀的腳步也不知不覺放緩了。

左／薩巴帝耶館邸的外觀。

推開薩巴帝耶館的大門，映入眼簾的景致，別具雅意。

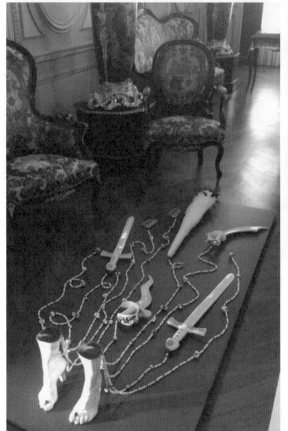

薩巴帝耶館邸的內部空間。

AIX-EN-PROVENCE
艾松普羅旺斯

梧桐樹綠蔭盎然的米哈波大道。

米哈波大道上的九槍噴泉。

「塞尚之路」，地面上可發現鐫刻
著塞尚之名的銅牌。

　　散步艾松普羅旺斯（Aix-en-Provence，簡稱艾克斯），總能遇見噴泉。

　　梧桐樹綠蔭盎然的米哈波大道（Cours Mirabeau）上就有三處噴泉：九槍噴泉（Fontaine des 9 canons）、熱水噴泉（Fontaine d'eau chaude）、何內國王噴泉（Fontaine du Roi René），此外，散落城市各地的大小湧泉，構成了這座「千泉之城」。

　　西元前 123 年，凱撒和奧古斯都時期，艾克斯因湧泉資源受到羅馬人的青睞而興建此城。自十二世紀起，艾克斯成為普羅旺斯省的首府。十五世紀時，何內國王從歐洲各地廣召藝術家、建築師及吟唱詩人前來宮廷，贊助他們在當地從事藝文創作，他甚至還將麝香葡萄（muscat）引進當地來釀造美酒。位於米哈波大道盡頭的雕像，正是何內國王，可見他一手拿著權杖，另一手則提著葡萄。

　　十七、十八世紀時，貴族們爭先在艾克斯興建豪宅，豪宅外觀多半是由金黃色的石灰石構成，搭配裝飾性強烈的鍛鐵陽台，顯示出義大利巴洛克風格的影響，和煦陽光灑落在金色石塊上，城市亦顯得更為明亮與高貴。法國大革命後，艾克斯失去了首府地位，

位於旅遊中心前方的圓環雕像噴泉，車輛川流不息。

轉變成觀光勝地和國際學校城。十九世紀時，此處誕生了一位偉大的藝術家保羅‧塞尚（Paul Cézanne），以及在此度過童年時光的偉大作家艾米爾‧左拉（Emile Zola），二十世紀時則有匈牙利藝術家維多‧瓦沙雷（Victor Vasarely）旅居於此。

　　不過，一提起艾克斯，第一直覺還是會先聯想到塞尚。生於斯長於斯的塞尚，幾乎與艾克斯劃上等號，終其一生，絕大多數的時間都待在此處。艾克斯旅遊局特地印製了一份市區內的「塞尚之路」（sur les pas de Cézanne）參觀路線，共規劃了 32 個景點，包括塞尚出生的寓所（28, rue de l'Opéra）、1857 年至 1862 年學習素描的學校（現為格拉瑞美術館）、塞尚當年結識左拉的波旁中學（Collège Bourbon，現改名為 Collège Mignet）、當年與左拉常去的「雙侍者」咖啡館（Le Café des Deux Garçons）、塞尚的墓地……等，在這條路線的地面上，常可以發現鑴刻著塞尚之名的銅牌，歷年來，這條路線被無數喜愛、景仰塞尚的後世人們走過，摩擦著這些亮晶晶的銅牌。

假日的藝術市集裡，可看到不少藝術家現場創作。

藝術市集，散發著藝術與生活交織的慢活態度。

「線是不存在的,明暗也不存在,只存在色彩之間的對比。物象的體積是從色調準確的相互關係中表現出來。」

這位奮力不輟的畫家,透過各種角度描繪畫室內的蘋果靜物;在不同季節、不同時間點下觀察聖維多克山(St. Victoire),一而再、再而三地觀察它、描繪它,完成一幅幅近乎於科學實驗般的聖維多克山風景畫。來到艾克斯,轉角也能遇見塞尚。

塞尚畫室
ATELIER DE CÉZANNE

「終我一生都在努力地探討大自然的奧祕，但我的進步是那樣的慢，如今我又老又病，所以我活著的唯一可能與意義，也無非是誓以繪事為亡罷了。」

——塞尚寫給貝赫納（Emile Bernard）的書信

　　從艾克斯市中心走向位於北方山坡上的塞尚畫室，步行時間約為 20 分鐘，畫室周圍是寧靜的住宅區。這間畫室裡雖然欣賞不到畫作，卻可以一探畫家最真實的生活面相。

　　1901 年至 1902 年，畫室開始進行興建，完成後塞尚便在此度過最後的創作時光。1906 年 10 月，塞尚因肺炎逝世，之後畫室便處於荒廢狀態。直到 1921 年，馬賽爾·普羅旺司（Marcel Provence）從畫家兒子手中購入這棟建築物，極為用心地保存了這處珍貴之所，室內牆面、戶外花園，處處瀰漫著深具啟發的感受力。

　　1954 年，在美國募集到的資金將畫室從馬賽爾·普羅旺司的繼承人手中購入，並且捐贈給艾克斯—馬賽大學。同年 7 月 8 日，畫室正式對大眾開放參觀。1969 年，艾克斯—馬賽大學將畫室捐贈給艾克斯市政府，成為城市的重要文化遺產之一。

艾松普羅旺斯的塞尚紀念雕像。

如今，畫室一樓是售票處與紀念品販賣部，沿著旋轉樓梯走上 2 樓，右手邊一間寬敞挑高的畫室正是無數畫作的誕生之地。在塞尚 67 年的人生中，最後的 5 年時間，不是外出寫生就是埋首於此，比如晚期最知名的「浴女」系列和風景系列幾乎都是在此完成。

畫室內部極盡可能地保留了當年的原貌，比如塞尚靜物畫中的愛神雕像、水果、杯盤、衣物、家具等物。右手邊櫃子上方有一個玻璃盒，裡面陳列著當年塞尚寫給莫內的信件，字跡整齊而美麗。了解塞尚以及其作品，除了畫作本身之外，多年來他與友人間的通信，亦可窺視出他對繪畫的獨特見解，不難明白，為何塞尚會被譽為「現代繪畫之父」了。

除了個人成就之外，更重要的還包括了塞尚對後來的立體主義畫派如畢卡索等藝術家的影響，在十九世紀印象派轉換到二十世紀的現代畫派進程中，塞尚無疑扮演了一名承先啟後的角色，畢卡索與馬諦斯都曾不約而同地表示：「（塞尚）如同是我們所有人（指同時代的藝術家們）的父親。」

塞尚無疑是一名「實驗性創新者」（experimental innovators），他並沒有革命性的想法，但卻藉由不斷的試驗與犯錯，反覆檢視，反覆根據自我理論進行修改，刻苦而緩慢地發揮優點，最後締造出紮實的成就。當塞尚成名時，其實他已邁入暮年，而當他正值璀璨的三十多歲青春歲月時，甚至還不知道自己究竟要朝哪個方向去，他自然不願重複前人步伐，但面對創新，卻又找不到頭緒。當你想走一條沒有人走過的道路時，披荊斬棘是唯一方法，塞尚透過反覆嘗試，在繪畫的實驗與實踐過程中，一步步接近心中那個原本模糊不清的目的地。

銀行家之子的塞尚其實自幼年起就喜歡用木炭畫畫，據說他少年時期每天都和左拉到近郊的阿爾克沙灘和比貝謬採石場遊玩。10 歲左右，塞尚陸續進入幾間教導美術的學校就讀，20 歲時，為順從父親長期以來的盼望，塞尚勉強進入艾克斯大學就讀法律，但幾年後，他發現內心對於藝術的追求依然強烈，是的，他想成為一名「畫家」。

最後在家人的反對下，毅然決然在 1861 年離開故鄉艾克斯前往藝術之都巴黎，這項決定背後還包含了左拉給他的鼓舞，因為當時左拉已經搬到巴黎

塞尚畫室的庭院，充滿寧靜，並令人深感平靜。

左二圖／塞尚畫室內部一隅，幾
乎維持著塞尚當年的擺設。
（Atelier de Cézanne, crédit R.
Cintas Flores.）

了。塞尚的父親見兒子這般堅持，在理解他的選擇後，同意在經濟上給予支持，這自然使得在巴黎的塞尚可以免去金錢上的煩惱。

在巴黎，塞尚結識了可說是印象派啟蒙者之一的畢沙羅（Camille Pissarro），兩人經常一同出遊寫生，對年輕的塞尚帶來不少繪畫方面的影響。早期的塞尚，因受浪漫主義繪畫和當時文學的影響，常以宗教、性、暴力、死亡等主題入畫，以快速手法用畫刀直接將油彩塗抹於畫布上，再搭配明暗極度強烈的色彩對比，塑造一種厚重的畫面肌理。這類畫作的風格獨特且難以歸類，不但沒有受到當時官方的肯定，還經常成為巴黎諷刺畫家筆下的嘲弄對象。巴黎這條尋藝之路，似乎沒有他原本想像中順遂。

1863 年，在畢沙羅的引介下，塞尚參加了第一屆的「落選展」（Salon des Refusés），顧名思義，展出的作品都是落選之作，這批畫家們的作品並不被自視為正統的古典學院派所欣賞，在屢次被沙龍展退件後，他們決定自辦群展來展出作品。1864 年至 1869 年間，塞尚繼續每年報名參加學院的沙龍展徵選，但每年都慘遭退件。

1873 年，塞尚帶著妻小搬到巴黎北方的小鎮歐維須瓦茲（Auvers-sur-Oise），經常到鄰近的旁瓦茲（Pontoise）拜訪畢沙羅並一同作畫，塞尚開始用印象派的技法描繪風景畫，並於 1874 年參加了印象派的首次畫展。

1874 年 4 月 15 日，一群在巴黎的畫家們，展出被官方沙龍展排斥的 165 件作品，展覽期間批評家給他們開了一個玩笑說：「這是一群印象派畫家的展覽！」因為當時莫內那幅知名作品即名為《印象日出》，隨後，這群畫家們就以印象派畫家自稱了。但在那個時期，被歸類為印象派藝術家可不是非常值得光榮的一件事。

塞尚後來又再參加了 1877 年的第三次印象派藝術家畫展，但自這個展覽之後，塞尚更明白了，除了孤獨面對創作之外，沒有其他方式可以讓他實現夢想，他認為印象派並沒有把握自然的實體，只是在畫布上塗上一層悅目的顏色，而他想追求的，是試圖表現自然物的結構和量感，描繪物體在空間中的真實面貌。在藝壇變得更加孤僻的塞尚，自 1878 年起竭力轉換視覺感，他回到過去，師法 17 世紀畫家普桑，試圖尋找永恆的意義及價值，發現繪畫中的鞏固性或永恆性，在

左／塞尚畫室入口，入內後左手邊即為售票處與紀念品區　右／塞尚畫室入口外的休息區

塞尚畫室內部一隅，幾乎維持著塞尚當年的陳列擺設。（Atelier de Cézanne, crédit R. Cintas Flores.）

造形繪畫的組織結構中，開創其現代主義純然形式的風格。

　　藝術創作上難以尋求理解的情況下，連昔日同窗好友左拉也無法理解塞尚，甚至還在書中影射塞尚的失敗，這點重重打擊了塞尚。

　　電影《左拉傳》中，塞尚坦率地對左拉説：「你現在有錢了，也有名了。從閣樓的日子一路走來，真是漫長。那時候天氣冷，你一邊把書燒了取暖，一邊還大喊著：『要燒掉偽君子和不要臉的作品，讓書頁的火光溫暖求道者的身子！』坦白説，有時候我也想向錢投降，但是辦不到。我們這些人還是窮些好，不然才華會像你的肚子一樣，變得又肥又腫。請原諒我這麼説，你是我的老友，這些話

我不能不説。」

左拉既尷尬又感傷地説：「留下來吧！我需要有人來提醒過去那些艱苦卻快樂的日子，提醒我要為理想站穩腳根。」

塞尚卻意有所指地回答：「你再也回不去了，而我則從未離開。」

「你會寫信給我嗎？」「不，但我會記得你。」他們倆就此絕交。

1880 年代，塞尚經常往返於巴黎與艾克斯之間，繼續專心在自己的繪畫探索上。1889 年，他曾經寫道：「我要在寂靜中解決我的繪畫問題，直到有一天，充分地感到足夠捍衛我嘗試結果的理論為止。」

直到 1895 年，巴黎畫商安柏茲·沃拉何（Ambroise Vollard）才為塞尚舉辦了生平第一次的個展，當時塞尚已經五十多歲了，創作風格始終不在主流範疇的他，終於在藝壇逐漸獲得成功，但退隱家鄉的慾望讓他最後選擇了回到鍾愛的艾克斯，全心全意地畫出他心目中的艾克斯風景。

迎來創作生涯的成熟期，靜物是塞尚偏愛的題材之一，他的畫室裡充滿了各種物品，尤其以組合水果的靜物畫為首，成為塞尚最為人熟悉的靜物系列另一題材則是艾克斯的鄉村風景和聖維克多山，這些作品不是自然的瞬間寫生紀錄，而是他長時間沉浸在大自然面前，進行思考冥想的成果。

以主觀的熱情和客觀、有系統的探究方式去研究自然，在一種對自然看似理性的觀察中，進而達到另一種精神的境界，透過自然的組織，表達一種新的現代性。

他追求著能夠精確將所看到的物體呈現在畫布上的觀察手法，因此發展出一種以結構化方式，將看到的物體做簡化，以及利用平面色彩呈現的畫風。他曾寫到：「我把自然當作圓柱體、球體與圓錐體等的基本組合，如同樹幹其本質上形狀是個圓柱體、而人的頭其本質上形狀是個球體。」正因為如此的風格發展，導致塞尚成為後來立體派畫家們的先驅啟蒙者。

1905 年完成的《大浴女圖》（210.5×250.8cm，現存於費城美術館）可説是塞尚一生中最大尺寸的作品，同時也是塞尚繪畫理念的菁華結晶，他就是在這

間高挑的畫室中實現此作。畫面呈現一個大三角形構圖，左右對稱的人物也是三角形組合，將人體和風景結合的創作是塞尚晚年大膽的作風，他並不在乎人體的變形，人體在風景裡和樹木融合為一，就像他把人體看成蘋果一般，一切都回歸到純粹的原始面貌。

「樹啊！樹啊！你竟然在這兒已等我等了好多年了啊！」有天，塞尚像往常一樣來到原野上，這是他看到一棵老橄欖樹而發出的感慨。

塞尚是一位能把自己與大自然真正結合，達到東方所謂「天人合一」境界的畫家。某次戶外寫生中不幸碰上暴風雨，最後因染肺炎而於 1906 年逝世，塞尚逝世的隔年，巴黎秋季沙龍舉辦了盛大的塞尚回顧展，以示塞尚在繪畫成就上的卓越貢獻。

天空開始飄起小雨，星期天來訪的遊客並不多。從市中心旅遊局搭上公車時，一位來自洛杉磯的孤單旅人也上了車，一名年約四十來歲的太太，獨自一人從倫敦到巴黎、巴黎到馬賽，再從馬賽到艾克斯旅遊，她以標準道地的美式英文詢問司機是否前往塞尚畫室，司機以標準道地的南法法文回答她：「等會兒我會通知您下車。」太太有聽沒有懂，我趕緊插嘴翻譯，也因此與這位太太有了短暫的交流。

我們一同下車走向塞尚畫室。畫室空間並不大，參觀時間不需太長，但我依然想盡情把握這短暫片刻。倚靠窗邊，眺望窗外雨滴輕落在青翠綠葉上的景致，當年塞尚也是如此在窗邊欣賞庭院裡的植物們吧。

畫室內有個梯子引起我的好奇，詢問導覽員其作用，導覽員解釋道：「這是當年塞尚使用的梯子，他當時親自粉刷牆壁的顏色。當他在室內描繪靜物時，他喜歡爬上梯子，從高處往下觀察桌面上的靜物，你可以從他的畫作中發現這點。」往昔舊梯如今已不堪負重，而它的存在卻解釋了當年塞尚的繪畫態度，的確，在這間畫室中，我們欣賞的並非畫作，而是走入了藝術家的真實生活。

結束參觀之際，那位太太突然詢問我：「你有沒有推薦的景點呢？」我大吃一驚反問她：「你沒有地圖嗎？」太太一派輕鬆地回答：「呵，其實地圖對我不太管用呢！」「原來如此。那麼你可以去參觀格哈內美術館（Musée Granet），

目前有個非常值得一看的特展！」

　　得此訊息後，太太流露出欣喜神情，往美術館的方向走去。當我們互道再見時，她說：「謝謝你！也許我們還會再見到彼此呢！誰知道！」「是啊，誰知道！」

　　這是我第二次來到塞尚畫室，有某種預感，未來還會再度來此，希望一切陳設都能維持原狀，歷史的記憶能確實地被凝凍住，這裡藏著許多我們能夠與塞尚產生連結的物件，一旦有機會欣賞塞尚的原作時，感動也會因而加倍。

塞尚　《浴女》　油彩、畫布　**127×196cm**　**1894-1905**　倫敦國家藝廊藏

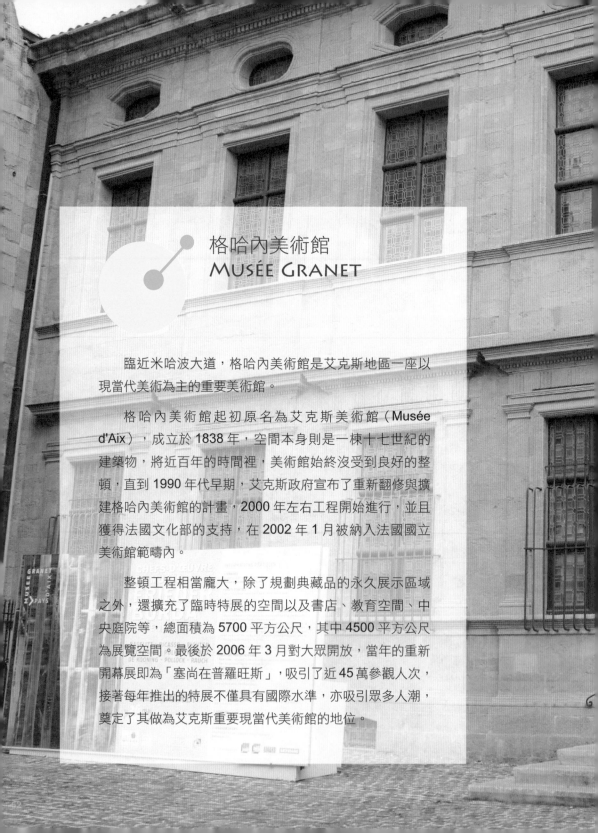

格哈內美術館
MUSÉE GRANET

　　臨近米哈波大道，格哈內美術館是艾克斯地區一座以現當代美術為主的重要美術館。

　　格哈內美術館起初原名為艾克斯美術館（Musée d'Aix），成立於 1838 年，空間本身則是一棟十七世紀的建築物，將近百年的時間裡，美術館始終沒受到良好的整頓，直到 1990 年代早期，艾克斯政府宣布了重新翻修與擴建格哈內美術館的計畫，2000 年左右工程開始進行，並且獲得法國文化部的支持，在 2002 年 1 月被納入法國國立美術館範疇內。

　　整頓工程相當龐大，除了規劃典藏品的永久展示區域之外，還擴充了臨時特展的空間以及書店、教育空間、中央庭院等，總面積為 5700 平方公尺，其中 4500 平方公尺為展覽空間。最後於 2006 年 3 月對大眾開放，當年的重新開幕展即為「塞尚在普羅旺斯」，吸引了近 45 萬參觀人次，接著每年推出的特展不僅具有國際水準，亦吸引眾多人潮，奠定了其做為艾克斯重要現當代美術館的地位。

鄰近米哈波大道的格哈內美術館入口

安格爾
《法蘭索‧馬須斯‧格哈內肖像》
油彩、畫布　73×61cm
1807　格哈內美術館藏

　　欣賞格哈內美術館典藏品前，得先認識「格哈內」這個名字。

　　美術館在 1949 年正式更名為「格哈內」，目的是為了紀念法國畫家法蘭索‧馬須斯‧格哈內（François Marius Granet, 1775-1849），1949 年同時也是格哈內逝世一百周年。

　　格哈內出生於艾克斯，1796 年他前往巴黎，並成為大衛的學生，畫風屬於新古典主義流派；1802 年前往羅馬，描繪了許多名勝古蹟以及其他藝術家們的生活場景，並了解到荷蘭畫派那種表現陰暗的特色，他在 1808 年獲得沙龍金獎，成為義大利當時知名的法國藝術家之一。1824 年返回法國後，他不僅是一名畫家，同時亦是羅浮宮、凡爾賽宮的典藏顧問，當他在艾克斯逝世時，寓所留下了大量油畫、草稿，以及私人典藏品，這些後來全數捐贈給艾克斯美術館，成為美術館第一批重要的典藏。如今在美術館內可看到格哈內的友人，新古典主義派巨匠安格爾（Ingres, 1780-1867）所描繪的格哈內肖像。

　　目前格哈內美術館的典藏品約為一萬兩千件，主要可分為幾個區塊：

1. 考古（Archéologie）

　　位於地下室有兩個考古展間，陳列著昂特蒙（Entremont）的出土文物，文物所屬時期約是西元前二世紀，可看到塞爾特—利古里亞（celto-ligures）式的雕塑風格。

2. 雕塑展廳（Galerie de Sculpture）

　　雕塑展廳位於庭院的地下室，主要陳列法國雕塑家卡斯代（Jean-Pancrace Chastel, 1726-93）的作品，以及十九世紀出生自艾克斯的雕塑家作品，如哈穆斯

（Joseph Marius Ramus, 1805-88）、費哈（Hippolyte Ferrat, 1822-82）等人，在此展區中亦可發現法國偉人們的雕像，如塞尚、沃維納格侯爵（Marquis de Vauvenargues）、米拉波伯爵（comte de Mirabeau）。

3. 十五到十八世紀的法國、義大利、北方繪畫（Peinture française, nordique et italienne de XVème au XVIIIème siècle）

在此展區可看到法國、北方與義大利藝術學院派的畫作，比如晚期哥德風格的弗雷馬爾大師（maître de Flémalle）、現實派風格的勒南兄弟（les frères Le Nain）、巴洛克時期的魯本斯（Rubens）與林布蘭（Rembrandt）等人作品，不過整體而言並沒有太獨特的重要典藏品。其中一張林布蘭所繪的小幅自畫像倒是值得仔細欣賞，這幅畫完成於 1659 年，當時林布蘭年約 53 歲，歷經功成名就、負債累累甚至宣告破產的人生歷程，在此作品中，昏暗的光線藏不住他臉上的滄桑感，雙眼嚴肅地正視前方，眼神似乎想透露什麼，卻相當難以被理解。

下二圖／格哈內美術館一隅，雕塑展廳與十五到十八世紀的法國、義大利、北方繪畫。

4. 十九世紀：安格爾與格哈內（XIXème siècle : Ingres et Granet）

對一般人而言，對藝術家安格爾的熟悉度普遍遠超過對格哈內的認識。格哈內美術館內一件不得不看的鎮館之寶，就是安格爾的巨作《宙斯與黛提絲》（Jupiter et Thétis），順著參觀路線的指示，進入到陳列此作的展間裡，畫作的氣勢完全能把觀者震攝住，久久無法移動腳步離去。

安格爾是十九世紀新古典主義的重要代表藝術家之一，1797 年，17 歲的他進入大衛畫室習畫，兩年後開始在美術學校聆聽大衛授課。如果説大衛的新古典主義具有陽剛的男性特質，那安格爾的新古典主義則無疑充滿陰柔優美的女性風格。

當看到眼前這幅 1811 年完成的《宙斯與黛提絲》時，宙斯的坐姿令人聯想到安格爾的另一巨作《在寶座上的拿破崙肖像》（1806），畫中的拿破崙透露出莊嚴肅穆神情，近乎拜占庭式的沉穩大方形象，不但震撼人心，也揭示了其作為超越人間的一位統治者地位。若進一步仔細比較兩件作品，即可發現其中更多的共同點，兩位畫中主角同樣露出左腳，右手高舉過肩，並且手持權杖。

十九世紀初，安格爾旅居在義大利的時間相當長，他對拉斐爾的推崇亦反映在其畫作中，他曾認為：「拉斐爾就是優雅、美麗和和諧。」而這三項特質同樣也能在安格爾的作品中發現。

《宙斯與黛提絲》中，女性身體與男性軀體產生明顯對比，海洋女神黛提絲的形象柔軟曲折，以解剖學的角度來看，就像是隨心所欲地描繪的，祂趴在宙斯右膝上祈求著，給觀者性感的感受。安格爾以熟練的技巧描繪黛提絲的服飾，衣服皺褶掩蓋著軀體，但這一軀體的性感卻壓過了這一形象的現實感。

5. 塞尚（Cézanne）

此區域專門陳列塞尚的 10 件作品，包括數件水彩作品、《大浴女圖》的習作油畫、年輕時期的靜物作品、妻子的肖像畫等，其中最值得注意的是，美術館近期蒐錄的典藏品：《左拉肖像畫》，此作尺幅極小，筆觸是明顯的浪漫派巨匠德拉克洛瓦式的風格，很有可能是 1862 年至 1864 年間，塞尚在巴黎時的作品。1929 年此作曾在巴黎展出，接著 1936 年在紐約展出，但此後便被塵封於世將近

安格爾　《宙斯與黛提絲》
油彩、畫布　327×260 cm　1811　格哈內美術館藏

70 年，直到 2011 年才再度展示於世人面前，對於格哈內美術館與觀眾而言，這是相當難得可貴的機緣。

6. 從塞尚到傑克梅第（de Cézanne à Giacometti）

這個區塊的典藏品主要是來自收藏家菲利普‧梅耶（Philippe Meyer）在 20 世紀中葉捐贈給法國政府的藝術收藏。格哈內美術館選擇典藏了其中的 20 世紀重要藝術家作品，如美術館特別規劃的傑克梅第區，共展示 19 件傑克梅第創作於 1940 年至 1969 年間的雕塑、繪畫、素描作品。其他還包括畢卡索、雷傑（Fernand Léger）、蒙德里安（Piet Mondrian）、保羅‧克利（Paul Klee）、巴爾蒂斯（Balthus）、喬治‧莫蘭迪（Giorgio Morandi）、布拉姆‧凡‧費爾德（Bram van Velde）、尼古拉‧德‧斯塔（Nicolas de Staël）以及科特（Tal Coat）等人作品。

左／傑克梅第作品展區　右上／雷傑作品　右下／蒙德里安作品

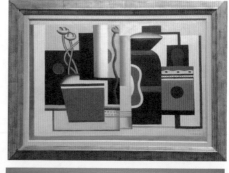
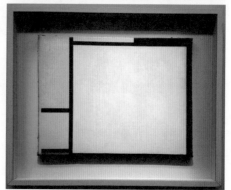

7. 波隆格收藏展（La Collection Planque）

瑞士收藏家波隆格夫婦（Jean et Suzanne Planque ）在 1997 年成立了同名的藝術基金會，並且自 2010 年起，將其收藏的三百件藝術品暫借給格哈內美術館展出，雙方的合作時間為 15 年之久。在這批豐富且精采的藝術藏品中，可看到雷諾瓦、梵谷、波納爾（Bonnard）、布拉克（Braque）、杜菲（Dufy）、保羅‧克利、畢卡索、尼古拉‧德‧斯塔、杜布菲（Jean Dubuffet）等人作品，透過這些作品也不難體會一位藝術收藏家對於繪畫的熱情，並從自身的收藏中建立一套該時代的藝術史脈絡。我去的時候，格哈內美術館目前正在整修新的展覽空間：白懺悔教堂（la chapelle des Pénitents Blancs），這個 700 平方公尺的古蹟建物，將做為波隆格收藏品的常設展區，2013 年便會對外開放。

美術館常態典藏展展區一隅。

瓦沙雷基金會美術館
FONDATION VASARELY

　　參觀瓦沙雷基金會美術館原本並不在規劃中，這要感謝友人老公的提議，讓我對這名歐普藝術（Op Art）大師：維多‧瓦沙雷（Victor Vasarely）有更深一層的認識。

　　在補述瓦沙雷的藝術生涯之前，先談談這座人煙稀少的瓦沙雷基金會美術館。

　　在 1970 年代早期，當瓦沙雷的名望達到高峰時，艾松普羅旺斯政府規劃了一塊土地讓瓦沙雷著手規劃自己的基金會美術館，瓦沙雷當然滿心期盼，畢竟這裡是塞尚的故鄉，況且美術館位置離市中心相當近，想必是抱著「無論如何都要打造一座令人眼睛為之一亮」的美術館，瓦沙雷的確做到了。美術館擁有搶眼的黑

瓦沙雷基金會美術館外觀，建築物以 16 個六角形的「造形字母」構成。

白幾何圖形，雖然高度只有兩層樓，寬度卻相當綿延不盡，若從空中鳥瞰，則可以清楚地看到美術館以 16 個六角形的「造形字母」構成，可說是他畢生最巨大而重要的藝術概念的菁華結晶。

美術館於 1976 年正式落成，裡面原本陳列了大量的瓦沙雷作品，呈現瓦沙雷完整的創作脈絡，一樓挑高寬敞的大型展廳中，瓦沙雷結合了 42 件巨幅的牆面作品，置身其中彷彿走入巨人的萬花筒內，人頓時顯得渺小，色彩與幾何形狀組成的萬般變化似乎帶有神聖的隱喻，就像人們走入一座大教堂時會有的強烈感受。部分畫面帶有立體效果，彷彿某種物體正要從畫面上掙脫而出，部分畫面又帶有引力效果，畫布似乎往內凹陷，企圖把觀者的思緒牽引進去。

然而，當我們離開美術館時，卻是懷著一股遺憾的心情離開。

它無疑是一座優秀的美術館，但裡面所充斥的氣氛卻如此荒涼、冰冷、空蕩，明顯地，美術館有多處需要修補施工，它正如一位全身帶有各種大小病痛的老人，等著被醫治，等著被賦予新生。後來經過一番搜尋後，才恍然明白美術館為何淪落成今日的處境。

　　目前瓦沙雷唯一的孫子皮耶‧瓦沙雷（Pierre Vasarely）正在力挽狂瀾，試圖挽回其祖父在二十世紀歐普藝術大師的名聲。

　　瓦沙雷基金會美術館於 1990 年至 1995 年曾休館 5 年，這也是「瓦沙雷事件」的開端。1981 年到 1993 年期間，被任命為基金會負責人的查理‧德布什（Charles Debbasch）涉及轉賣瓦沙雷作品，大量作品開始衝擊藝術市場，而他本人被判涉嫌貪汙後潛逃非洲。

　　1997 年，91 歲高齡的瓦沙雷逝世，瓦沙雷的媳婦米雪兒（Michèle-Catherine Taburno-Vasarely）開始擔任基金會董事長，初期她曾經訂下大型出版計畫、回顧展等承諾，雖短暫地挽回了瓦沙雷的聲望與地位，但隨即不久便受到利益誘惑，轉而覬覦瓦沙雷的作品。

　　她串通瓦沙雷二子拍賣、出售手稿資料與畫作，幾乎將基金會掏空，使得基金會美術館不得不再次進入休館期，長年失修的美術館，儼然成為乏人問津的藝術廢墟。

　　皮耶在其父親逝世後，控告他的繼母米雪兒，終於在 2007 年於法國法院獲得

左右頁／瓦沙雷基金會美術館內部空間令人震撼。

藝術家瓦沙雷

勝訴，米雪兒於 2008 年在美國芝加哥被逮捕時，還正打算將上百件瓦沙雷作品從倉庫搬離。該事件落幕後，皮耶在 2008 年再度讓基金會重新運作，著手進行修繕工程，從屋頂的漏水，到美術館的美育活動等規劃，試圖讓美術館再度活化起來。

　　雖然目前看來，美術館要恢復昔日榮光還有極大的進步空間，但這段故事背後，不難想像藝術家成立美術館必須面臨的困難，因為藝術家們通常不會是優秀的藝術行政者或管理者，當缺乏政府支持時，美術館很容易無疾而終，他們的後代人多數靠著變賣藝術品來維持典藏品的保存狀態、美術館的日常開銷等，絕非容易之事。雖然參觀人數寥寥無幾，但美術館一樓的巨幅作品依然令人感到萬分震撼。

　　這位歐普藝術之父是如何走上這條道路的呢？ 1906 年瓦沙雷誕生於匈牙利，原本習醫的他最後轉向設計領域，在布達佩斯學習關於「包浩斯」的設計概念。

1930 年瓦沙雷移居巴黎，成為新巴黎派的一份子，直到二次大戰的這十多年時間裡，瓦沙雷的主要工作是視覺設計，他曾回憶道：「在這段期間，我將所有遇到的構圖、色彩、光線、陰影、材質、二維和三維空間等問題，一一列為精確考察的主題。」他特別喜歡研究同心圓和重疊線造成的波紋效果。戰後他移居巴黎郊區並創作了大量油畫，這些皆是充滿實驗性的抽象畫作，從中可看出他受到立體主義、未來主義、超現實主義、表現主義等多種藝術流派的影響，但他尚未從中發展出鮮明的個人風格。

但自 1947 年起，瓦沙雷開始有系統地將客觀經驗賦予造形，在此之前，他的主題本質是形式的對比和超現實圖像，而在此之後，瓦沙雷終於慢慢摸索出一條獨特的個人風格：採用完全單純的幾何圖形，因為他發現，全宇宙的規則都可藉由幾何學來表現！

在藝術家約瑟夫・亞伯斯（Josef Albers）與他的推動下，歐普藝術於 1950 年代誕生，1965 年紐約現代美術館舉辦了一場名為「感應眼」（The Responsive Eye）的展覽，展出大量經過精心設計，按一定規律排列而成的波紋或幾何畫面，造成視知覺的運動感和閃爍感，使視神經在與畫面圖形的接觸中產生眩暈的光效應現象和視覺的幻象。

歐普藝術正式被列為二十世紀重要藝術流派之一，「Op Art」亦即「Optical Art」，即光效應藝術，是精心計算的「視覺的藝術」，使用明亮的色彩，造成刺眼的顫動效果，達到視覺上的亢奮。

1960 年代，瓦沙雷已經能夠運用 12 至 15 級的深淺色調，且在顏色上進行許多實驗與實踐，他當時也採用了金色和銀色這兩種特殊顏色。每種顏色都被分析出一套色譜，憑藉這套色譜，瓦沙雷就算只用兩種顏色也能完成大尺幅的精采之作，因為他所發展出的排列系統能組合出無限可能。不過，話說回來，這些極度理性、科學的畫面背後，必須付出相當的時間才能精確地達到完美境界。

當瓦沙雷的圖像系統發展得愈來愈豐富、熟練之後，他將「造形集合」的概念運用得更為廣泛，甚至可與現代工業、日常生活相互結合，瓦沙雷作品的發展方向符合了時代邏輯，在 60、70 年代，他受歡迎的程度達到其藝術生涯的最高峰。

　　瓦沙雷曾以科學性的方式描述歐普藝術：「處在緊要關頭的不再是『心』，而是視網膜，而鑑賞家現在則成了實驗心理學的實驗對象。醒目的黑白對比、無法承受的互補色彩震動、閃爍的線條網絡、不斷翻轉更換的架構⋯⋯這些在我作品中的元素不再是引觀者進入甜美的旋律，而是刺激他們。」

　　的確，佇立在巨幅作品面前，這些看似由理性、科學方式架構而起的作品背後，其實是藝術家追求宇宙神祕的浪漫情懷，線條與色彩雖然看似中性、冷酷，然而卻蘊含著大自然最原始、最本質的圖象法則。

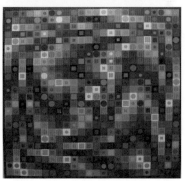

瓦沙雷基金會美術館內，巨大尺寸的地毯設計。「Op Art」亦即「Optical Art」，即光效應藝術，是精心計算的「視覺的藝術」，使用明亮的色彩，造成刺眼的顫動效果，達到視覺上的亢奮。

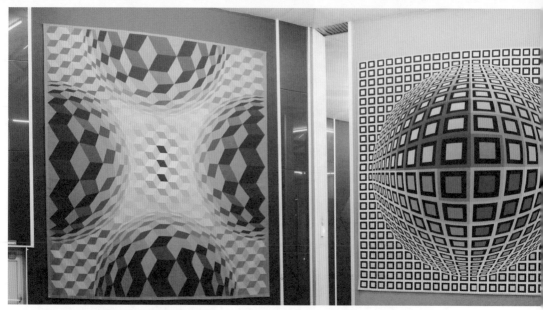

置身瓦沙雷基金會美術館內，一樓盡是超大尺寸的設計作品。

看似由理性、科學方式架構的視覺藝術品的背後，其實是藝術家追求宇宙神祕的浪漫情懷。

　莫名地，聯想到卡繆的《異鄉人》，亦即那種乍看之下沒有太多情感，實際上企圖揭示的是人性中的原始本質。畫面由一小格一小格的方形組成，方形中包裹著圓形，順著顏色的增減變化去閱讀，居然在畫面中讀出了巴哈的「十二平均律」，音符們嚴謹地順著創造者賦予的軌跡雀躍且跳躍著。

　位於法國艾松普羅旺斯的瓦沙雷基金會美術館並不是瓦沙雷建立的第一個美術館，在 1970 年時，他曾經在南法山城勾禾德（Gordes）設立美術館，除了展出他的作品之外，也十分重視教育推廣活動。

　兩座美術館相距不到 80 公里，由於勾禾德的瓦沙雷美術館是位於一座古蹟城堡內，當時選擇了特殊的布展方式，妥善利用建築物僅有的空間，以滑動式的展示櫃陳列大量作品及文獻。不過可惜，該美術館於 1996 年結束，目前取而代之的是，已逝比利時當代畫家波勒·馬哈美術館（Le musée Pol Mara）。此外，在瓦沙雷的出生故鄉——布達佩斯，也有一座瓦沙雷美術館，在 1987 年正式啟用，至今仍對大眾開放。

ARLES
亞爾

向晚的隆河，氤氳浪漫情調。

置身蒙彼利耶（Montpellier）的某日清晨，起床後沒有任何計畫，處於懶洋洋的狀態，通常如此之言會引來許多抗議：出國旅遊沒有 8 點出門太奢侈了，應該把每一天都計劃得滿滿的才划算！

這並沒錯，可是急行軍式的旅行真的太辛苦，其實「慢旅遊」反而能獲得更多深層的體驗，比如增加在異國街頭漫步的時間（跟團當然就比較沒辦法達成），增加用餐的時間，增加你與藝術品相遇的時刻……，唯有靜下心來，才有可能看到更多的景緻，心靈的感受力才能得以提升，讓心靈感受到更豐富的體會，這才是搭著長途飛機、千里迢迢前往某個不熟悉的國度，最珍貴且獨一無二的收穫。

儘管此日沒有任何計畫，但窗外陽光正好，窩在室內簡直對不起自己，頓然想起尚未拜訪的梵谷小鎮——亞爾（Arles），索性立即準備背包，前往火車站購買亞爾來回車票。從蒙彼利耶到亞爾，最快的車程約 1 小時左右，當天來回相當方便。

抵達亞爾時，手上沒有任何旅遊手冊或介紹，踏出簡樸火車站時，天氣晴朗，

梵谷　自畫像
油彩、畫布　42cm x 34cm　1887
荷蘭國家博物館藏　courtesy of Rijksmuseum

走出門口往左手邊的大馬路直行，經過遊樂園市集，此處應是與亞爾這座小鎮最衝突的區塊，約有二、三十個攤販，有些賣著炸薯條、奶油棒，有些擺著幾台電動小車、彈跳床、旋轉小馬，小朋友們的歡笑聲此起彼落，閃爍的七彩燈泡與裝飾小燈泡在在讓我誤以為來到美國某小鎮的遊樂園而非法國。前方右側看似有一處轉彎，但不知道有什麼景色在另一頭等待著，為了想儘速擺脫這些攤販，雙腳被驅使朝那個方向走去，不到幾秒，美麗的隆河（Rhône）開展在眼前，終於，再度回到美好現實，回到記憶裡熟悉的法國美景。一側有個立牌，上面印著一幅畫作《隆河星夜》（藏於巴黎奧塞美術館），這是梵

隨處可見綠意盎然的
居家生活美學。

藝術小鎮上連塗鴉也別具趣味。

谷完成於 1888 年 9 月的作品，畫面中的人物與
船，星光和城市燈火，皆處於深藍與淺黃的和諧
對比之中，河面波瀾有著漸層變化，梵谷精確地
捕捉到隆河的優雅與低語。由此開始，正式走入
這座「梵谷小鎮」。

　　在文生‧梵谷（1853-90）短暫的 37 年歲月
中，居住在亞爾的這段時間內，發生了許多極具
戲劇性的故事，導致梵谷最後進入了亞爾近郊的
小村——聖‧雷米（St-Remy-de-Provence）的
精神病療養院。即使後來搬到巴黎北郊的歐維耳
市（Auvers sur Oise），依然逃不開舉槍自盡的
結果。坦白說，來到亞爾，風光雖然明媚，卻不
免瀰漫著淡淡感傷，這座小城處處充滿了梵谷的
影子，許多景象都曾被梵谷一一畫入色彩奔放的
畫面中，它為藝術家帶來創作靈感，但仍舊無法
為藝術家帶來生命的新希望。

　　1888 年，梵谷在藝術家羅特列克（Henri de
Toulouse-Lautrec）的勸說下，離開巴黎，於 2
月抵達南法小鎮亞爾，大地一片白雪，包容著梵
谷受挫的身心，剛抵達沒幾天，梵谷就完成了 8
張畫。接著他也在這裡結交了朋友，生活顯得輕
鬆愉快，弟弟西奧（Theo）每月寄來的錢相當有

71

左／梵谷最知名的作品之一《夜間咖啡館》
右／如今位於亞爾的梵谷咖啡店外觀。

限，梵谷除了維持生活基本開銷之外，把絕大多數的心力全投注在畫布上，這個時期的作品，在梵谷的一生中，最能顯示他華麗的一面，也就是以明朗的黃橘色調為主，搭配紅、綠、藍等飽和色彩，充分彰顯著對於生命的讚美與熱情。

「我此刻渴望生活在屬於我自己的畫室裡，我要純用大大的花朵來裝飾它，待我完成的畫，一共是 12 幅圖，放眼望去，將是一首藍與黃的交響樂。我每天早晨從日出時分便開始執筆工作，因為花兒凋謝得很快，而這類畫最好一氣呵成，所以我總先坐下來好好吃一頓才開始，如此一來，長時間賣力畫下來才不至於感到虛弱。」這是梵谷給西奧書信中的一段小文，他那知名的向日葵作品，正是在亞爾所完成的。

我沿著梵谷足跡的指標，一路找尋「夜間咖啡館」（Café la nuit）裡的咖啡店，如今已是一處熱門景點，露天座位後方的牆面保持著向日葵般的黃色，畫中那股夜晚的清幽感不復見，只剩咖啡店裡裡外外滿是拍照留影的旅客。

在 1888 年梵谷寫給妹妹的信中，提到他剛剛完成的兩幅夜間咖啡店的畫作，其中位於市區的這間咖啡店，梵谷選擇熱情愉悅的黃色和藍色構成，信中他還提到莫泊桑的小說《美男子》（Bel Ami），書中他讀到滿天星斗的夜空下，位於燈

來到亞爾，走入梵谷畫中的咖啡店，
便足以消磨好些時光。

梵谷所繪的《醫院庭院》對照眼前的實景。

火通明的巴黎林蔭大道上的咖啡店，這與他所描繪的亞爾咖啡店有著幾乎相同的主題。

離開熱鬧的市中心，前往梵谷所繪的《醫院庭院》（Place du Docteur Félix-Rey）場景，此處與方才的咖啡館氣氛截然不同，而是充滿了幽靜與花香，坐在庭院內，享受天空、微風，仔細欣賞這些各色花朵們的曼妙身影。梵谷曾寫道：「我以前從未有過這種時機；此地的自然格外美麗。到處，尤其是穹蒼，一派神奇的藍，太陽溢落出的淡硫磺色光線，柔和可愛極了。何其美妙的大地！」

至於梵谷為何會描繪這處醫院的庭院呢？故事得承接上面所言繼續説下去。來到亞爾的梵谷，身體比以前好多了，但遺傳性的癲癇症與憂鬱症始終纏繞於身，他只能透過瘋狂不歇的創作來轉移自己的注意力。抵達亞爾時，他提出在此成立藝術村，高更後來也答應來此創作，這讓梵谷高興不已，為了迎接高更，甚至特別準備了一間大畫室，把一切畫具備妥，兩人每天都在工作中消磨時光。但性格懸殊的他們逐漸產生愈來愈多的問題，導致爆發了「割耳事件」。

關於「割耳事件」的解釋眾多，無論如何，梵谷畫了割耳後的自畫像，此一事件似乎也成為他自殺的前兆。

梵谷割耳後的自畫像，與贈送給雷伊醫師的肖像畫。

梵谷　《在亞爾的房間》　油彩、畫布　57.5×74cm　1889
© RMN-Grand Palais (Musée d'Orsay) ／ Hervé Lewandowski

「割耳事件」發生後，梵谷被送到菲力斯‧雷伊醫生（Dr. Felix Rey) 這裡治療，出院後，他描繪了一幅雷伊醫生的肖像畫，且送給醫生作為紀念品。

1889 年春天，當地約有 80 人簽名向鎮長請願，認為梵谷應當留在精神病院而不適合到處走動，結果梵谷被關入警察局內。這件事對他來說是相當大的打擊。5 月，他在牧師沙爾的陪同下，入住到離亞爾 25 公里的聖雷米精神療養院，在此他有兩個房間，其中一間是畫室，他開始描繪院內的庭園、窗外風景、看守人肖像，將自己交替出現的絕望和希望，把對個體生命的種種感受注入到畫作中。

色彩在揭示和傳達其精神狀態，而筆觸和線條則反映了其情緒的起伏。住院期間，梵谷的病情始終沒有好轉，有時會吞下顏料或油，好幾次想服毒自殺，但發作過後卻又可以恢復正常，當他得到許可時便努力不懈地作畫。最為人熟悉的《星月之夜》便是在這個時期完成的，翻滾的天空中，星雲宛如巨龍蠕動，星與月各自形成漩渦，暗綠褐色的柏樹如同火焰般從地面竄起，哥德式的教堂尖塔不安地伸向天空，充滿強烈的個人情感表現，在描繪自然的同時，更想訴說的是自我內心那份不被人了解的痛苦與無奈。

走在這個迷人小鎮上，腳步很輕鬆，心情卻不知為何，感到有些沉重。（想必很少人會在出國旅遊這個難得的機會而居然感到心情沉重吧！）

一方面是跟孤獨之旅有關，因為所走的每一步、所見的每一景，暫時只能與自己分享，即使拍了照片上傳，還是改變不了一人旅行的事實，我似乎是為了達到完全的一個人狀態，因此總是需要像這樣安靜的一人旅行。另一方面，走在這個梵谷小鎮，實在難以擺脫梵谷那極具戲劇變化的短暫一生。

生前只賣過一張畫的他，一輩子生活在窮困窘迫之中，無法治癒的精神壓力最後終於將他給擊垮，能畫出如此撼動人心的不朽之作，梵谷究竟是以什麼樣的狀態生存著的呢？「痛苦即人生」，沒想到這是梵谷最後的遺言。

亞爾這個小城市除了有梵谷足跡之外，還擁有悠久的歷史。

公元 46 年，亞爾在古羅馬帝國凱薩大帝統治下成為退休軍人的定居城市，於此一時期被譽為「高盧人的小羅馬」，達到有史以來第一個黃金時期，比如當時建造的橢圓形競技場，是法國境內最大的古羅馬競技場，可容納兩萬人，原有三層，但最上層已遭崩毀，現存兩層，每層有 60 座拱門。另外還包括「古代劇場」、「共和廣場」等古蹟景點。

十七與十八世紀，在舊城區內建造的無數私人宅邸，座落於許多 2000 年前的古老建築中，使得亞爾散發著悠長的歷史魅力。

1981 年，城內的 7 座古蹟被聯合國教育科學暨文化組織列為世界遺產，名符其實地成為一座「藝術歷史古城」。

市政廳前的共和國廣場，可見亞爾方尖碑（Obélisque d'Arles），原由羅馬皇帝君士坦丁二世所立。六世紀時，荒廢的方尖碑倒塌並裂為兩半，十七世紀時才在目前的位置重新樹立。

上二圖／亞爾競技場（Arènes d'Arles）是一座古羅馬圓形競技場，長 136 公尺，寬 109 公尺，120 個拱門可追溯到西元前一世紀。

古羅馬劇院建於西元前 20 至 10 年，原是堡壘，後來石材被拆解成其他建物之用，目前僅存兩根古羅馬柱，被當地人戲稱為「兩寡婦」（Les Deux Veuves）。

該建築有別於其他羅馬圓形劇場，矗立於山頂上，是古羅馬時代的娛樂勝地，在中世紀時則被用作石礦場。如今，夏季常舉辦露天音樂會，在星空下聆聽演奏，是一種很特別的享受。

荷阿圖美術館
MUSÉE RÉATTU

在古城的寧靜巷弄間穿梭，看見一隻黑貓，索性跟隨牠那輕巧無聲的步伐，轉角發現一個招牌，寫著「Musée Réattu」。即使沒有地圖在手，也能與藝術相遇，這真是旅行途中，一個極小卻令人感到無比開心的樂趣。

幸虧那隻優雅黑貓，只不過一轉角，我得以瞥見美術館標誌，沿著指標穿梭在狹窄巷弄中，東轉西拐也莫名其妙地佇立在美術館入口處了。

原本不抱有任何期待（畢竟亞爾是個「屬於梵谷」的小鎮），參觀後卻對這

左右頁／進入荷阿圖美術館，即可看見這處恬靜庭院。時值秋季，金色落葉滿地，與當代藝術品結合為一。

個小巧可愛的美術館念念不忘。

荷阿圖美術館（Musée Réattu）最初其實是藝術家賈克·荷阿圖（Jacques Réattu, 1760-1833）的個人工作室。賈克·荷阿圖出生於亞爾，始終對家鄉有著一份念舊之情，1790 年，他的一件作品獲得羅馬大獎，這在當時就等同於繪畫界的奧斯卡獎，古典技法優秀出色的他，最後依然選擇回到家鄉，在隆河河畔買下這座古建築。

1868 年，工作室正式成為國立美術館，典藏並展示了所有賈克·荷阿圖的畫作。展覽規劃極具巧思，以賈克·荷阿圖的作品呼應當代藝術，各展間主題相異，能想像克里斯汀·拉夸（Christian Lacroix）設計的絕美地毯，搭配十八世紀古典繪畫，再加上當代藝術作品嗎？這些「混搭」卻大出意外地調和在同一空間中。此外，導致這個小美術館別具分量的原因是，1970 年代初期，畢卡索深受亞爾的鬥牛盛會吸引而多次造訪，館內典藏有 57 幅畢卡索手稿、草圖與油畫作品，其中最著名的就是《李·米勒的肖像》（Portrait of Lee Miller），畫中描繪的是紐約著名服裝模特兒暨女攝影師李·米勒，並且參考了當時亞爾傳統婦女的形象。

荷阿圖美術館也是法國首度舉行攝影展的美術館，至今已典藏了近四千幅攝影作品，1960 年代的主要攝影推手是胡戈特（Jean-Maurice Rouquette）與克雷格（Lucien Clergue），他們同時也是亞爾攝影節的創辦人。

進入美術館時，恰好遇上導覽時間，便隨著導覽員的介紹參觀美術館，其中幾間展廳有對外窗，望出去，眼前是隆河河畔的夕陽美景。而從另一些展廳的窗戶望出去，則是美術館內安靜的庭院，幾件委託製作的公共雕塑品豎立著，沒有太多人煙，秋末的落葉在微風中飄落，對參觀大型美術館已經快得恐慌症時，躲入這種小規模美術館真是別具情趣，在南法，常常能如此不經意地遇見藝術，無疑是此區最令人沉醉其中的藝術魅力。

荷阿圖美術館典藏品，法國雕塑家潔曼妮‧理奇耶（Germaine Richier, 1902-59）作品。

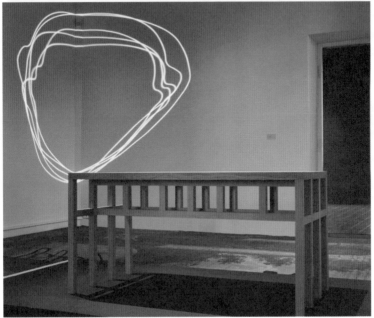

4 圖／荷阿圖美術館內的典藏品，展示方式別出心裁，經常結合時尚設計與攝影作品。
©Musée Réattu

NICE

尼斯

尼斯街頭充滿了豐富的色彩學

尼斯火車站外觀

　　如果要在蔚藍海岸選擇一個據點，我會選擇尼斯（Nice）。

　　光是尼斯市中心就有四個不容錯過的優秀美術館，包括夏卡爾美術館、馬諦斯美術館、尼斯美術館、尼斯現當代美術館，此外，如果以尼斯做為住宿中心，可降低拖動行李更換旅館的次數，從尼斯到周圍小鎮，不僅火車班次頻繁，也可以選擇搭乘公車或蔚藍海岸觀光巴士，交通相當便利。

　　況且做為蔚藍海岸的大城之一，尼斯市區內商店林立，應有盡有，尤其傍晚坐在英格蘭散步道（Promenade des Anglais）旁，可以完全沉醉在舒服無壓的樂活氛圍中，海灘上通常人群簇擁，不斷拍照的亞洲觀光客、在海水中放鬆的游泳者、肩並肩望著遠方的情侶（男女或女女或男男皆有）、年輕夫妻加上亢奮小孩的家庭組合、手挽手邊走邊聊天的老太太們、觀察著上述各式各樣人群的孤獨老人或孤單遊客。尼斯是蔚藍海岸次於馬賽的第二大城。

　　40 萬年前，在如今尼斯市的這片土地上，就已經有土著居住了。在公元前後

的漫長歲月裡，它先後被古希臘和古羅馬交替統治。1706 年，尼斯第一次成為法國領土。1713 年，尼斯被割讓給西西里王國。1860 年，尼斯才重新回到法國的版圖，也因為如此的歷史背景，尼斯的老城區仍具有義大利式的生活氣息和情調。

地理上，尼斯三面環山，一面臨海，有著 7500 公尺長的海岸線，群山的阻攔，使尼斯免受寒冷的北風侵襲，冬暖夏涼於是成為尼斯最主要的氣候特徵，最適宜的旅遊月份是五月到十月中，夏季日照時間特別長，直到晚上八、九點都還有日光，對於旅行來說確實是一大優點。

尼斯城分為三個主要部分，第一部分是老城區和港口，瀰漫義大利風格；第二部分是十九世紀建造的城中區，也就是在英格蘭散步道後面的區域，充滿交織錯雜的街道和粉色房屋；第三個部分則是可眺望城市北方的西米耶區（Cimiez），此處為羅馬人和維多利亞女王的最愛。

走出尼斯車站時，豔陽高照。由於不打算更換旅館，便預定了位於火車站正對面的飯店，入住天數多一些還能有些許折扣，尼斯的美術館行程完畢後，每天清晨享用完簡單早餐，便可以輕鬆提著背包搭上火車，走訪鄰近小鎮，傍晚或是留在小鎮晚餐，或是趕回尼斯都是不錯的選擇。此次入住的旅館房間正好面對火車站，頂著豔陽放下行李後，打開窗，對面的尼斯車站熙熙攘攘，來自各地的遊客拉著行李，踏出車站出口的剎那，他們臉上似乎都洋溢著笑容。也許正是旅人們的愉快心情，讓南法小鎮如此悅人的氛圍更加濃烈。

漫步尼斯街道，兩側建築美輪美奐，目不暇給。

夏卡爾美術館
MUSÉE MARC CHAGALL

馬克‧夏卡爾（Marc Chagall, 1887-1985），個人最喜歡的藝術家之一。

　　來到尼斯的藝術巡禮第一站，選擇參觀夏卡爾美術館，美術館距離火車站並不遠，步行約 30 分鐘能抵達，通常參觀完夏卡爾美術館後，再往小山丘的後頭走，便是馬諦斯美術館，因此這兩個美術館約略可消磨大半天的悠緩光陰。

　　夏卡爾美術館的建築帶有現當代建築風格的清新與樸實，主體本身是僅一層樓高的淺黃色石材建築，搭配灰色的屋頂，建築線條簡約俐落，建築師為安德烈‧艾蒙（André Hermant, 1908-78）。進入美術館園區並購票後，會先經過一片淡雅樸素的庭院，院內種植著絲柏、橄欖樹、淡紫色薰衣草，和一小球同樣也是淡紫色的小花朵。與植物們的短暫擦肩而過後，抵達美術館的正門口。

　　2004 年，首度參觀夏卡爾美術館的悸動還記憶猶新，如今二度再訪，再次被夏卡爾的巨作環繞，肌膚還是不由自主地因感動而起了疙瘩，看著眼前這些畫面，人的想像力頓然被牽引起飛，這是夏卡爾向世人所揭示的滿載永恆普世之美的藝術境界。

　　當年參觀時還曾經發生一件小趣事。一對中年夫婦正在美術館內欣賞夏卡爾的其中一幅作品，太太問先生：「夏卡爾好像是猶太人，是嗎？」先生卻回答道：「我不確定，或許是吧。」

　　在他們倆身後的我藏不住答案，急忙向太太解釋說：「沒錯，他是出生於俄羅斯的猶太人。」太太滿心歡喜地道謝，當下對我這名年輕女孩讚賞不已，我們稍微聊了幾句，便各自繼續欣賞其他作品。結束後，在美術館的紀念品區又重遇剛才這對夫婦，太太喜悅地遞給我一張明信片，她說：「送給你！」

　　向她道謝時其實有點莫名其妙，不太理解她的用意，明信片的圖，正是她提出問題時所欣賞的那幅作品，背面則以潦草字體簡短地寫著：「謝謝你讓我們更

通往夏卡爾美術館的小徑，沒有遊客的喧鬧，只有漫遊的享受。

夏卡爾美術館入口處的典雅標誌。

了解夏卡爾，祝福你在法國的日子一切順利。」雖然那張明信片如今已下落不明，但這段小插曲卻總讓我懷念，當我撰寫此書的同時，常會憶起這段小故事，發覺到，我心中那股極欲分享藝術的衝動，這些年來始終沒有改變過。

　　1887 年，夏卡爾出生於貧困的白俄羅斯維台普斯克（Vitebsk），來自一個虔誠傳統的猶太家庭，當他年僅八歲左右，即流露出多方面的藝術才華，無奈家中過於貧窮，為了進入藝術學習之路，夏卡爾始終過著刻苦的生活。

　　1906 年進入畫家耶烏達·潘（Yehuda Pen）的畫室習畫，隔年拿著辛苦賺

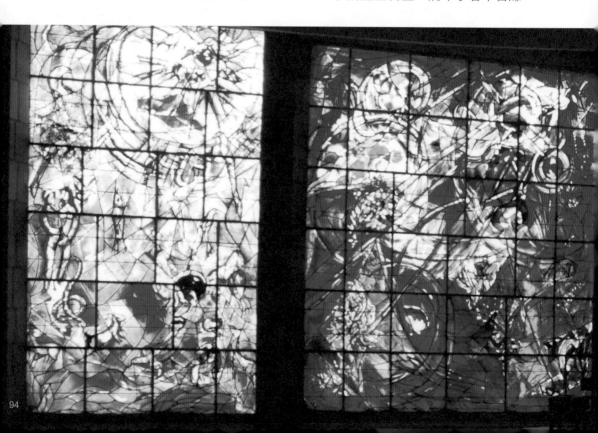

來的 27 盧布，終於得以出發前往俄國首都聖彼得堡進修，並於 1910 年獲得贊助，搭了四天四夜的火車前往巴黎，落腳在藝術家群聚的蒙馬特區的同鄉小公寓中，他就像一個海綿，不斷地吸收巴黎的藝術內涵，生活雖然清苦，心靈卻充滿期待與活力。

夏卡爾曾寫到：「在巴黎，第一次看畫展，身體有輕快飛揚的感覺，我終於了解色彩了。」在此同時，夏卡爾結識了不少來自歐洲各地的藝術家朋友們，也因為朋友的傾囊相助，讓夏卡爾逐漸打開自己的知名度。

早在 1920 年代盛行「超現實主義」（Surrealism）的十多年前，超現實主義創始者——法國詩人阿波里奈爾（Guillaume Apollinaire）就曾以「超自然」（surnatural）來讚賞夏卡爾的作品；不過，夏卡爾認為自己的藝術獨樹一格，既不歸屬於立體派，也非超現實主義，雖然畫面看來如夢似幻，卻是他重組心中風景所描繪的真實世界。

這是他與巴黎邂逅的第一段故事。

夏卡爾美術館的小演講廳內，放映著夏卡爾的影片，可聽到他侃侃而談其創作與生活。

1914 年夏卡爾受邀前往柏林展覽，接著順道返回維台普斯克，1915 年終於如願與貝拉·羅森費爾德（Bella Rosenfeld）結婚。夏卡爾是在 1909 年結識貝拉，貝拉的父母經營珠寶行，與夏卡爾家經濟相差懸殊，最後終究贏得美人心，進入人生第一個重要新階段，夏卡爾寫道：「無數個清晨與黃昏，貝拉將愛心烘烤的蛋糕、香噴噴的煎魚與熱騰騰的牛奶，甚至五顏六色的畫布，釘製畫架的木板，送到我的畫室。天際的一片湛藍，繽紛的花朵，隨著她的愛傾洩而入。身穿白衣或一襲黑衫的她，長久縈繞在我的畫作中，是我藝術的重心之一，是不可或缺的意象。」夏卡爾不斷在他的畫中，以相擁的戀人、花束、飛翔的貝拉與自己，歌詠愛情的偉大與美好。

回到故鄉後，緊接著面臨第一次世界大戰以及俄國大革命的動盪，迫使夏卡爾不得不滯留在俄國長達 8 年之久，由於夏卡爾的創作自由不見容於俄國革命之後建立的蘇維埃政權，夏卡爾只好揮別故鄉，再度為藝術而遠走他鄉。

1922 年，夏卡爾完成了自傳《我的一生》，詳實地記錄了動亂中的蘇聯，以及他為何離開莫斯科移居巴黎的心路歷程。再度回到巴黎，這次是攜家帶眷，除了自己的創作，他同時也接任書本的插圖工作。

在超現實主義萌芽而進入興盛期之際，夏卡爾非常堅持己見，他說：「我們內在的整個世界，就是現實，或許比肉眼所見的世界更為真實。對一切觀之似非理性者，動輒斥之以無理不實、神話幻想之名的人，一定是不懂得自然的人。」他始終認為，超現實主義陣營根本是假借潛意識之名，以迎合坊間所追逐的時尚品味。

通過美術館大門之後，走入廣闊的庭院中，此門為購票處，展廳入口則須再往前走一小段路。

購票後，經過一片淡雅樸素的庭院，院內種植著絲柏、橄欖樹、淡紫色薰衣草，和一小球同樣也是淡紫色的小花朵。

此門才是進入展廳的正式入口。

夏卡爾 《出埃及記》 油彩、畫布 1952-1966

夏卡爾 《在狗與狼之間》
油彩、紙張於畫布上　1938-1943

　　看著夏卡爾的原作，更能深一層體會他獨特的想法與觀點，其實這些都跟他的出生背景有著緊密連繫。欣賞藝術品究竟能帶給我們什麼呢？我想是提醒我們，回視自己身上與生俱來的那份獨特感吧！藝術家們的工作與存在目的，不就是努力地挖掘這份獨特感，並且試圖發揮到極致嗎？

　　夏卡爾曾經寫道：「藝術是什麼？是繪畫，一幕幕不同於常人所營造的圖像。那麼，又該是什麼樣的圖像？上帝或者任何人，誰能賜與我一份力量？足以吸取禱告者的聲息，將一聲聲祈求救贖與復活的禱唸，注入畫作之間。」

　　巴黎 10 年，是夏卡爾人生中最快樂的時光。而 1941 年 6 月 23 日，德軍出兵攻打蘇聯的那一天，夏卡爾一家已經安然抵達紐約。「世人蒙害、悲劇頻傳的時刻，我正好受邀赴美工作。隨著時間逐漸逝去，雖然自己未曾年輕一些，然而，置身熱情洋溢的氣氛當中，不需否定自我的藝術根源，即能繪出生命的力量。」

　　旅居美國的時光可說是夏卡爾最低潮的歲月，一方面不斷聽聞戰事的慘烈，另一方面又遭遇愛妻的逝去（貝拉於 1944 年逝世），夏卡爾生命中的美好，也隨著感染病毒、離奇身亡的貝拉一併被埋葬了。

　　二戰結束，夏卡爾鼓起勇氣重返歐洲，再度得以重拾生命晚期被南法豔陽包圍的美好時光，夏卡爾美術館內的作品，多數皆是夏卡爾的晚期創作，充滿著無盡的愛。

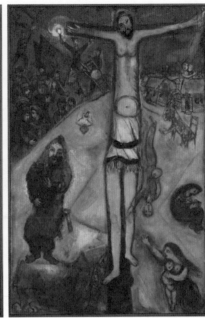

夏卡爾 左／《抵抗》　油彩、蠟筆、水彩、畫布　1937-38　中／《復活》1937-38　右／《自由》　1937-52

　　畢卡索曾說：「每當夏卡爾作畫的時刻，很難分辨他到底是睡是醒。在他腦海中，絕對存在著一位天使。」進入美術館的典藏品展廳中，首先會被作品《亞伯拉罕和三天使》吸引，火紅的畫面中，三位羽翼豐厚的大天使齊聚在一長桌，享用亞伯拉罕虔心準備的美酒佳餚，右上角畫有亞伯拉罕和三天使在荒地相遇的情節，身著藍色長袍的亞伯拉罕則是望著畫外的觀眾。

　　1950 年，夏卡爾遷居到南法，並與俄籍女子瓦娃（Valentina Brodsky，簡稱為 Vava）結婚，隨著聲譽日隆、作品廣受注目之際，來自家庭的安穩幸福感就是夏卡爾創作的最大靈感與慰藉。1967 年，夏卡爾在南法小鎮聖保羅德芳斯（Saint-Paul de Vence）大興土木，建造了一座十分寬敞的大房子兼工作室，規劃了三間性質不同的畫室，分別作為平面藝術、素描以及油畫和大型設計圖之用。

　　夏卡爾晚期的所有時間與精力幾乎都投入在大型壁畫、馬賽克鑲嵌畫、刺繡地毯畫，以及彩色玻璃畫之中，他認為，從事宗教繪畫的首要前提，就是創造一種國際共通、跨越教派的語言符號，至於是否囊括特定的圖像則應是其次考量。

　　夏卡爾美術館在 2005 年以前原名為馬克‧夏卡爾國立聖經福音美術館

（Musée national Message Biblique Marc Chagall），1972 年 7 月 7 日在夏卡爾生日當天開幕，主要展示夏卡爾晚期以《聖經》為主題的畫作。然而，當我們置身其中時，所能感受到的絕對不僅是《聖經》而已，而是一種人類追求愛與和平的期望。

　　美術館內最特別的一區是圓形展廳，牆上有夏卡爾的題字：「獻給我的妻子瓦娃，我的快樂與幸福（A Vava, ma femme, ma joie et mon allégresse）。」此處展示著 5 幅以《舊約聖經雅歌卷》（Le Cantique des Cantiques）為主題的畫作，相傳《雅歌卷》為所羅門所寫，是詩中最美的詩歌，揭示男女從相遇戀愛、結婚，到愛情經過考驗而趨成熟，在世間相守一生的情感，以男女對詠情詩的方式，詮釋愛情的真諦。

　　這幾件作品雖然從宗教主題為出發，卻如同夏卡爾的其他眾多畫作相同，呈現著最主要的特點：人物及飛禽走獸宛如無重力般輕盈地漂浮在地球表面，仿似夢境，象徵著內心的美麗世界；而對於這些人物與動物們，尤其是經常出現的白

夏卡爾　《亞伯拉罕和三天使》　油彩、畫布　190x292cm　1960-1966

鴿、白色飛馬、山羊們，夏卡爾僅勾勒其外形，主要透過姿勢及顏色去傳達情感，畫面散發有粉彩寶石般的光芒，流露出寧靜、喜悅、滿足，且還帶點神祕的氛圍。

夏卡爾美術館內有一間放置著鋼琴的小演講廳，陽光透過藍色玻璃窗花照射進來，螢幕上的夏卡爾接受採訪，大談他的創作與生活，如此真實地說著話，開懷著。

坐在這個空間裡，我聯想到「死亡」，並非那種害怕死亡或認為死亡恐怖的想法，而是，原來在死亡之後，還能留下這些東西。

又，想起「逆轉人生」的電影台詞，「人為何會對藝術產生興趣？因為這是人來這世界上所留下的唯一的痕跡。」能夠與素昧平生的陌生人，與後世人們交流，始終傳遞著愛與美好的心情，這應當就是夏卡爾作品最感人的魅力了。

下／夏卡爾美術館內部一隅
右／夏卡爾　《人的創造》　油彩、畫布　299x200.5cm　1956-1958

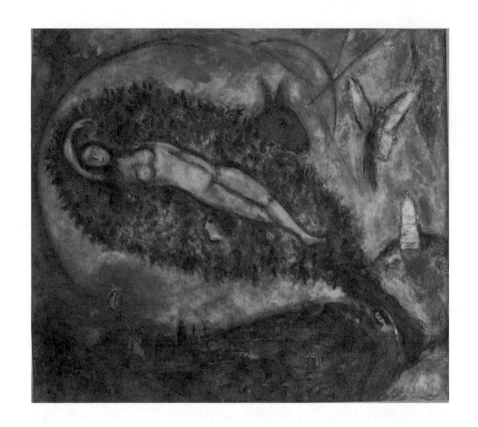

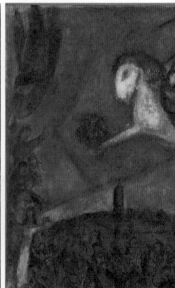

五幅以《舊約聖經雅歌卷》（Le Cantique des Cantiques）為主題的畫作，相傳《雅歌卷》為所羅門所寫，
是詩中最美的詩歌，揭示男女從相遇戀愛、結婚，到愛情經過考驗而趨成熟，在世間相守一生的情感，
以男女對詠情詩的方式，詮釋愛情的真諦。

馬諦斯美術館
MUSÉE MATISSE

馬諦斯美術館外觀

SE

　　離開夏卡爾美術館，沿著山坡方向的西米耶大道（Boulevard Cimiez）走上去就可以抵達馬諦斯美術館（Musée Matisse）。

　　若雙腳已有些疲憊則可以搭乘公車前往，但強烈建議下山時選擇散步方式，此區為高級住宅區，美輪美奐的別墅林立，繁花鳥語，靜謐宜人，其中位於西米耶大道 71 號的建築是一處古蹟；女王飯店（Hotel Excelsior Regina）建於 1895 年至 1897 年間，是一間專門接待英國貴族與上層社會人士的高級飯店，尤其是做為英國維多利亞女王到尼斯度假的住所，因此聞名於當時，如今則是私人公寓住宅。

　　從外觀看去，建築物身上那份昔日榮光依然在夕陽中散發光彩，保留了美好年代的高雅裝飾風格，我望向大片鑲有金箔雕花的玻璃窗，然而已不見舊時的熱鬧繁榮，只留給過客絕美風華的奢侈想像。這位野獸派大師亨利・馬諦斯（Henri Matisse, 1869-1954）曾在 1938 年遷入這棟昔日的女王飯店居住，稍後在馬諦斯美術館內，可看到當年公寓內部情景的舊影像紀錄。

西米耶公園裡，這棟粉橘紅色的馬諦斯美術館特別引人注目。

　　馬諦斯出生於法國北方接近比利時的小鎮：勒‧卡多一貢布雷希思（Le Cateau-Cambrésis），20 歲之前並沒有接受過任何繪畫訓練，主修法律的他，一開始在律師事務所擔任書記官，但卻在一次盲腸手術住院療養期間，得到母親贈送的畫具顏料，從此開展了他長達 64 年的繪畫生涯。

　　22 歲時，馬諦斯放棄法律而進入巴黎朱里安學院習畫，剛踏入藝術之門的馬諦斯，以探究新印象派的畫風為主，因此逐漸發展出分解色彩與取材大自然光線的風格，並經常呼朋引伴到羅浮宮臨摹名家作品，從中學習許多有關用色的技巧。然而，窮困潦倒似乎是每位藝術家的必經之路，馬諦斯也逃脫不了這份來自現實的經濟壓力，一方面堅持自我理想、一方面持續與現實對抗著。他在 30 歲時曾購藏了塞尚的一幅《三浴女》，塞尚的想法與觀念深刻影響了馬諦斯日後的繪畫創作。

　　1905 年，36 歲的馬諦斯和另外四位新派畫家參加巴黎的秋季沙龍，展出了許多用色明亮強烈、色彩對比鮮明的畫作。由於同一展室中還展出了近似文藝復興時期雕刻家多納鐵羅（Donatello）的作品，因此被評論家譏為「被野獸包圍的多納鐵羅」。沒想到，「野獸派」這個封號竟成為馬諦斯等人享譽後世的代名詞，而馬諦斯也成為野獸派團體之非正式領袖，從此在畫壇聲名大噪。

　　隔年 5 月的一天，馬諦斯「帶著一種完全擺脫舊傳統作畫的願望」回到西南地中海沿岸的海港科利烏（Collioure）作畫，當人們開始慢慢接受「野獸派」時，

馬諦斯美術館由一棟十七世紀的別墅改建而成，其中仍保有
馬諦斯當年使用的家具。

他又開始涉足雕塑和陶瓷作品的創作，並把其中一部分作品搬到了畫布上。

不久，裝飾藝術又開始取代繪畫作品。若干年後，馬諦斯曾如此解釋道：「我總想同時做兩件事。」正是這種對創作的熱情與渴望，讓馬諦斯不同於其他藝術家，不只在繪畫領域成為一代藝術大師，同時精通雕塑、為出版社設計插圖和繪製壁畫，且曾經擔任過芭蕾舞的設計工作。

走向馬諦斯美術館途中，腦中閃過一句電影台詞：「畢卡索是偉大的藝術家，馬諦斯則是偉大的畫家。」

1906 年，剛在畫壇起步的畢卡索和年長他 12 歲的野獸派大師馬諦斯相遇，兩位個性、畫風截然相異的藝術家，卻因為共通的繪畫理念，開啟了彼此長期對話的一扇窗，成為二十世紀上半葉最閃爍的兩位藝術巨匠。而這兩位藝術巨匠也

1941 年，馬諦斯因為十二指腸癌開刀後，只能躺臥床上或坐輪椅，後來他整理出一個方式，以在色紙上剪出形狀，取代原本先畫輪廓再填色的方式創作。

上／馬諦斯 《花與果實》 剪紙 410x870cm 1952 ／ 1953 Musée Matisse, Nice ©
Succession Henri Matisse

馬諦斯 《大溪地的窗》
22.5x17.2cm 1935-1936 Musée
Matisse, Nice © Succession Henri
Matisse

西米耶墓園旁的植物園。

不例外地,被蔚藍海岸的和煦日光吸引駐留。但馬諦斯與尼斯的緣分又有些巧妙。

　　馬諦斯在他 48 歲那一年首次來到尼斯,上天便注定了這是一次創造性的相遇。終年陽光普照的尼斯居然連續下了一整個月的雨,就在馬諦斯灰心地要離開之際,隔天早晨天空意外放晴,雲被風吹散開來,金色陽光驅離了屋內晦暗,心神蕩漾的馬諦斯領悟到他再也捨不得離開這個城市,「我決定不離開尼斯,我幾乎在那裡度過了一生。」

　　天空的光影,地中海粼粼的波光,在馬諦斯心中交織著無盡的畫面,將近 40 個年頭,馬諦斯汲取了尼斯的地區文化,並將其藝術家的無上靈感貫穿於整體美學創作之中。

　　從他居住了 27 年的尼斯到艾斯(Eze),從聖讓卡普費拉(Saint-Jean-Cap-Ferrat)到濱海維勒弗朗(Villefranche-sur-Mer)以及濱海伯利烏(Beaulieu-sur-Mer),從濱海卡涅(Cagnes-sur-Mer)和他與雷諾瓦相遇之處,到戰爭中退隱之城芳斯(Vence),馬諦斯在這片流光溢彩之地,留下的是一片熠熠生輝的足印。他曾說:「每當我發覺一早醒來,曙光現於眼前,我便幸福而不能自已。」

　　穿過西米耶公園整齊並列的橄欖樹,向晚時分,老先生們正在沙地上玩法式滾鐵球,沒有上場的幾位老先生的眼神隨著我的步伐移動,我向他們微笑,他們也回以我微笑,洋溢在他們容貌上的這種微笑,散發著溫馨與親切,那種微笑應該只會發生在對生活感到知足、滿足的人臉上,充滿和善與慈祥。

　　我趕在美術館閉館前推開大門,或許也因為時間已經臨近傍晚,並沒有太多參觀者,連入口服務台的小姐都不見人影,看到免費入場的字樣,我便毫無顧忌地走入大廳。一名警衛一臉無奈與無聊地跟我打了聲招呼。

　　馬諦斯美術館是由一棟十七世紀的別墅改建而成,立面以透視畫法上漆,並以赭紅色和鵝黃色為主調,臨近美術館的則是尼斯的考古博物館(Musée Archéologiques)。1963 年成立時,美術館只占據建築物的二樓空間,一樓則依然屬於考古博物館,1989 年考古博物館遷移至隔壁的羅馬古蹟地點後,馬諦斯美術館便進行整修與擴建,1993 年新一側的美術館大門正式對外開放,挑高的大廳中,最精采的作品無疑是那件高 410 公分、寬 870 公分的剪紙大作《花與果實》,

豔麗色彩中流露著鮮明的生命力，原來這正是尼斯賦予馬諦斯的活力。

目前美術館內有 68 件油畫與剪紙、236 件草稿、218 件版畫、57 件雕塑、14 件插畫，以及 95 件攝影，還有上百件的文獻資料，包括馬諦斯當年使用的家具、家飾品、書信等，收藏相當豐富且多元。當然，由於空間有限，美術館每年都會針對典藏品規劃特展，亦不定時舉行特展。

1939 年以後，馬諦斯極欲擱筆，退隱於芳斯（Vence），但仍熱衷於書籍的插畫與剪紙拼貼，直到 50 年代中期，高齡 70 歲的馬諦斯繼續開創晚年的藝術高峰：剪紙藝術。

1941 年，馬諦斯因為十二指腸癌開刀後，只能躺臥於床上或是坐輪椅，後來他整理出一個結論，在色紙上剪出形狀，取代原本先畫輪廓再填色的方式創作。1947 年，以剪紙作品為藍本，將 20 幅絹印版畫和親筆手寫的文字集結成書的《爵士》開始發行，書中可看到馬諦斯以輕快的線條、阿拉伯式的圖像和平面的構成，把「來自馬戲團、旅行及民間傳說的記憶轉化為鮮麗誇張的色彩」，正因為直接將剪裁下來的色紙予以調和排列，和即興演奏的爵士樂同樣富有躍動和活潑的感覺，便以「爵士」為書名。

在《爵士》之後，物體的本質開始不斷地被發展，產生出珊瑚和藻類的獨立圖樣，漂浮、流動於近似壁畫的形式之中，最典型的例子便是馬諦斯在 1948 年至 1951 年間為芳斯的一處小教堂（La Chapelle du Rosaire）所做的室內裝飾設計。

芳斯教堂設計模型與相關作品展示。

在尼斯的馬諦斯美術館中，有一間為「芳斯小教堂」的陳列室，裡面有教堂模

型，以及馬諦斯設計的聖袍、大尺寸的草稿習作等，完全以他晚年開創的剪紙風格做為主軸來發展，然而，剪紙藝術的搶眼與活潑似乎遠遠覆蓋了沉靜而肅穆的宗教氣氛。

「我曾用彩色紙做了一隻小鸚鵡，就這樣，我也變成了小鸚鵡，我在作品中找到自己。中國人說要與樹齊長，我認為再也沒有比這句話更真確的了。」馬諦斯說。

他把自己的剪紙視為完美的化身，從剪紙畫中得到過去從未有過的平衡境界。「剪刀是一副美妙的工具，用來做剪紙的紙張也很美麗。對我而言，利用剪刀在這樣的紙張上工作，是一件使人能夠進入忘我境界的美妙事情。」他甚至還怪自己沒能早些想到利用剪紙來創作。若說生命「七十而從心所欲，不逾矩」，馬諦斯的藝術生涯，在 70 之際，尤其是在剪紙創作中，完全讓人感受到他正進入純然而絕對的自由國度，快樂且輕盈地飛翔著。

坐在《花與果實》前方的沙發椅上，周圍沒有其他參觀者，只有遠處一名警衛面無表情地在出口處緩步走動著，內心大概已經在倒數閉館時間了。頓時，在這幅作品面前，我感覺自己的渺小與自身的複雜，之所以渺小，是因為畫面上的圖像連結到廣闊無比的大自然領域；之所以複雜，是因為畫面上的色彩與輪廓竟可以如此純粹而簡單。

夕陽照在出口階梯上，催促我別成為美術館今天最後離館的參觀者，趁著夏季的漫長日光時間，還有一個地方必須前往。

穿越西米耶公園，橄欖樹排列得整齊劃一，陽光已不再令肌膚刺痛，躺在草坪上的男男女女、老老少少，一派愜意，好像只需要有陽光，南法人就能夠享受生活。被如此舒服的夕陽環抱，散步穿越公園，來到後方出口的「西米耶墓地」。

每每來到法國，總是很喜歡參觀墓園，也強烈建議自助旅遊者，如果沒有禁忌考量的話，請隨意地選擇一些名人長眠的墓地去參觀吧！絕對會有意想不到的收穫，當然不是指恐怖的另類體驗，而是一種更寧靜、深沉的追思。

馬諦斯就葬在西米耶墓地裡，進入大門後必須穿過一小段路，才能抵達馬諦斯的墓園。

一邊看著各式墓碑裝飾，一邊讀著上面的文字，假花、真盆栽、泛黃肖像照，其中一塊墓碑上刻著「尼可拉‧威尤姆（Nicolas Vuillaume），1984-2011」，年紀與我相仿，卻已在不久前過世。佇立於此，頓然回神意識到，自己如此幸福能站在世界的這處小角落，內心滿是感恩與珍惜。走入墓園，不僅是為了追悼逝者，反而是更強烈地體會到，自身存在的彌足珍貴。

　　向晚的墓園，氣氛寧靜出奇，連蜜蜂的高頻率振翅都清晰於耳。沿著草坪上的小石板，來到馬諦斯的墓前，這是一處與其他墓地相區隔的獨立空間。拿起相機，按下快門的瞬間，光芒射入畫面，正巧灑在馬諦斯名字的正上方，意外地獲得一張神聖之影。我真沒想到，藝術大師馬諦斯的墓地如此簡樸，説穿了，只不過是一個巨大的方形石磚，但上面疊著許多小碎石、乾燥松果、寫著留言的小紙片：「謝謝亨利帶給我們的小幸福。」

　　夏季時間，日光漫長，趁著夕陽晚歸前，先在隔壁的植物園散步、遠眺地中海，接著再下山前往「英格蘭散步道」聆聽海的聲音，遠眺海與天在地平線上的交會。離開馬諦斯之墓，經過馬諦斯美術館，內心同樣也升起一股「謝謝亨利帶給我們的小幸福」的相同感慨。

馬諦斯之墓

尼斯美術館
MUSÉE DES BEAUX-ARTS DE NICE

尼斯美術館是一棟黃白相間的氣派典雅建築。

參觀完夏卡爾美術館與馬諦斯美術館的隔日，前往尼斯美術館（Musée des beaux-arts de Nice）與尼斯現當代美術館（Musée d'Art Moderne et d'Art Contemporain）。

遠溯尼斯美術館的歷史，其名最初可說是成立於 1860 年，1860 年尼斯正式納入法國領土，當時根本沒有博物館或美術館，拿破崙三世來到尼斯之後，發現了城市的這項缺點，於是決定提撥部分藝術品做為美術館的第一批典藏品，直接促使了美術館的誕生。

雖然美意當前，卻找不到合適的地點，最後市政府決定租用伯爵夫人雷伊（la comtesse Rey）名下，一棟豪華官邸的一層樓面來擺放這批藝術品，不過空間問

左／尼斯美術館一樓的綠色角落,蘋果
　　綠牆面令人頓時感到清爽愜意。
右／沿著華麗石材樓梯往上走,便可看
　　到左手邊這尊羅丹作品《吻》。

題始終都沒能完善地解決，一直到 1925 年，市政府才終於有足夠的經費購入這棟「科舒貝（Kotchoubey）別墅」（曾為烏克蘭公主所有），也就是如今我們所看到的黃白相間的典雅建築，並且打造成對外開放參觀的美術館機構。

當時美術館的名稱是「朱爾‧謝赫藝術館」（Palais des Arts Jules Chéret），主要是因為維塔（Vitta）公爵夫婦捐贈了三百多件朱爾‧謝赫的作品，美術館於 1928 年 1 月 7 日正式揭幕。1971 年，擔任館長長達 50 年之久的藝術家摩沙（Gustav Adolf Mossa）逝世，家屬將大批精采的作品捐贈給尼斯美術館典藏。隨著時間的累積，美術館的典藏品亦愈趨豐富，是一處相當值得參觀的美術館。

一樓作品的年代，大約從十三世紀到十八世紀，長廊上可發現一幅尺寸極小的德拉克洛瓦（Eugène Delacroix）作品。美術館較精采的作品集中在二樓，沿著「美好年代」風格的華麗石材樓梯往上走，首先右手邊可看到一排宗教畫作品，左手邊則有一尊羅丹的《吻》。

接著則可看到十九世紀至二十世紀的藝術作品，包括朱爾‧謝赫、牟侯、波納爾（Pierre Bonnard）、杜菲（Raoul Dufy）等人作品。置身美侖美奐的展廳，挑高落地窗射入時近正午的豔陽，如此不受干擾的藝術欣賞，真是人生一大樂事。

尼斯美術館一樓展示的繪畫與雕塑，年代約從十三世紀到十六世紀。

上／朱爾‧謝赫的作品
下／德拉克洛瓦的作品

Eugène DELACROIX (1798-1863)
Lionne terrassant un arabe

季斯塔夫・阿道夫・摩沙
Gustav Adolf Mossa

　　季斯塔夫・阿道夫・摩沙（Gustav Adolf Mossa）1883 年出生於尼斯，被後人視為最後一位偉大的法國象徵主義藝術家。

　　他的父親阿雷克斯・摩沙（Alexis Mossa, 1844-1926）也是一名畫家，描繪了許多 19 世紀末尼斯嘉年華的海報，如此的家世背景，影響了季斯塔夫・阿道夫・摩沙的創作之路。

　　1900 年之前，摩沙在尼斯的裝飾藝術學校裡學習，1900 年前往巴黎參觀萬國博覽會後，他被象徵主義（Symbolism）與新藝術主義（art nouveau）吸引，離開裝飾藝術學校之後，投身於戲劇腳本與詩文的創作中。

　　象徵主義起源於 19 世紀末的文學運動，並於隨後擴展到繪畫與音樂領域，其高峰期約在 1880 年至 1910 年間。象徵主義有時帶有宗教的神祕主義色彩，並對原始世界有高度興趣，甚且摻雜世紀末耽溺頹廢

季斯塔夫・阿道夫・摩沙《大衛王與貝莎蓓》，作於 1906 年。

《饜足的西壬》，作於 1905 年。

的情緒。在繪畫表現上，他們的題材多樣，時常處理古代神話或聖經寓言的主題、夢境或神祕經驗，以及探索攸關生老病死、各精神面向的內在思考等主題。

畫家們放棄了文藝復興以來所奠立的自然主義描繪技法，改而參照文藝復興之前或東方以及原始的非西方藝術創作傳統，包括非透視的平面型態的、色彩單純的、具有符號意義的構圖方式等，都是象徵主義畫家靈感的重要來源。作品的表現常遠離現實而進入幻想境界，用色鮮明強烈，有時偏好以黑色輪廓線來強調裝飾風格。

摩沙的作品並不多見，尼斯美術館典藏的這幾幅可說是他最為人熟悉的幾件代表作。《大衛王與貝莎蓓》（David et Bethsabée）講述的是《聖經》故事：大衛王有一天登上宮廷的陽台散步，無意中看到不遠處正在沐浴的貝莎蓓，大衛王知道這是手下的大將烏利亞（Uriah the Hittite）的妻子，不過此時此刻烏利亞正在遠方為了保護他的國家而作戰，抵抗不了美色誘惑的大衛王，最後還是派人傳訊，要貝莎蓓進宮服侍他。

摩沙選擇的畫面相當奇特，左邊遠處是烏利亞的背影，象徵一身軍服的他準備前往戰場。一位詭異神情的使者握著貝莎蓓的左手，似乎已把這個噩耗傳達給她，貝莎蓓面無表情地望著前方，失魂落魄的模樣，與身上所穿的紫羅蘭色禮服構成憂鬱氛圍。

《饜足的西壬》則是描繪希臘神話中的怪物「西壬」，她是河神埃克羅厄斯的女兒，是從他的血液中誕生的美麗妖精，常被描述為一名人面鳥身的海妖，飛翔在大海上，擁有天籟般的歌喉，常用歌聲誘惑過路的航海者而使航船觸礁沉沒，

《她》，作於 1905 年。

船員則成為塞壬的腹中餐。

摩沙所繪的「西壬」，幾乎占據了畫面的一半，嘴唇與翅膀留有鮮血痕跡，一隻碩大的鷹爪在畫面下方的正中央，背景則可見一觸礁的船隻。同樣的，此畫結合了神祕詭譎的象徵主義風格，鳥爪腳上則可發現摩沙以裝飾般的幾何碎塊組成。

而作品《她》，應當可算是最令人難忘的摩沙作品了。畫面構圖簡單明確，中央一名身材曼妙、近乎電玩人物造型的裸女，坐在一座屍體之山的頂峰，雙眼直盯著畫面外的觀眾。

此畫有幾個可能的象徵涵義：其一，她象徵著巴比倫（Babylon），可見《聖經》《啟示錄》第 18 篇，其中「18：2」寫到：「他大喊著說：『巴比倫大城傾倒了！傾倒了！成了鬼魔的住處和各樣汙穢之靈的巢穴，各樣汙穢可憎之雀鳥的巢穴。」其二，同樣連結到《啟示錄》，她象徵著被約翰稱之為「獸」的角色。其三，她象徵著凌駕於所有男人之上、擁有邪惡化身的蛇蠍美人，暗喻男性無法抗拒的一種來自女性的致命誘惑。

面對如此的一件作品，觀者可以自行產生多重解讀，但無論是哪一種解讀，背後應當皆為沉重、嚴肅的議題，這一點在摩沙的作品中是一項特色，欣賞他的作品時，那股莫名的巨大壓力，隨著視線對每位觀看者施壓，也因此，一旦熟知他的作品之後，通常很難會忘記這位藝術家了。

《小丑的離去》，作於 1906 年。

《又見莎樂美》，作於 1905 年。

《所羅門王》，作於 1908 年。

杜菲
Raoul Dufy

欣賞完摩沙作品後，另一位重要的藝術家則是勞爾·杜菲（Raoul Dufy, 1877-1953）。

在 2 樓的一個展間中，陳列著 20 世紀初野獸派核心成員——勞爾·杜菲的數件作品，杜菲的作品總是充滿著強烈對比色彩以及奔放不羈的線條，多次談到自己的藝術生涯時，他提到自己是為「追求光與色彩而戰」，深信光是色彩的靈魂，沒有光，色彩即失去生命。

在他給藝術家安德烈·羅德（André Lhote）的信中寫到：「我經常追求色彩的秩序，也就是讓我們的色彩發光的秩序。沒有光，形式就沒有活力、生氣；只有色彩，也不能讓形式充分發揮。作畫再沒有比察覺光，然後感知色彩更重要了。」

杜菲出生於法國北部港都勒阿弗爾（Le Havre），父親是一位鋼琴老師，耳濡目染下，家中孩子對於音樂與藝術都抱有濃厚興趣，比如杜菲的弟弟後來就成為一名優秀的長笛家。

杜菲在 15 歲時申請進入當地的藝術學院就讀。1900 年，由於老師路惠勒爾的推薦，他得到每個月 200 法郎的獎學金，到巴黎的伊寇市立學校入學，整整待了四年。杜菲是一名相當嚴謹的學生，接受傳統美術訓練的他，並未有叛逆、追求獨特的反抗個性，而是認真地投入到繪畫的研究之中。

他對色彩有濃厚的興趣是始於印象派的影響，極度欣賞莫內和畢卡索等人的

作品，但當他在 1905 年的獨立沙龍展上，看見馬諦斯的作品後，使他領悟到線條和色彩均能打動人心的新理論，印象派風格已不再能滿足他的創作心靈。他說：「眼睛是畫家自己的敵人，只忠實自己的眼睛就會受到欺騙。」他主張追求內心所存在的真實，追求自己對自然的感覺，一種屬於主觀的視覺。

1907 年，巴黎秋季沙龍舉辦了盛大的塞尚回顧展，杜菲也和當時的許多畫家一樣，或多或少地受到塞尚的影響，並且進入到立體派的領域之中，但杜菲不同於後來的立體派主流藝術家，他仍保留了熟悉的物體形式特色，使它們在畫面上依然能被辨識出來。

杜菲一生的創作數量驚人，超過 2000 張的油畫、2000 張的水彩，約 1000 張的單色畫，以及為文學作品所作的木板、石板、蝕刻版畫，200 件以上的陶瓷作品，約 50 件的掛毯圖案設計，5000 張以上以膠彩或水彩所作的布料設計，另外還有舞台設計，並曾經接受過兩件私人委託、三件政府委託的壁畫案。

至於主題部分，杜菲鍾情的題材非常多元，海洋、音樂、裸女與畫室、貨運工人、跑馬場等，無論人物畫、風景畫，他始終堅持使用鮮明的色調、融入透視的空間、簡練幾何的圖形，亦特別喜愛畫窗，尤其是透過窗戶延伸而敞開的景致或海景等，藉由窗的區隔，室內和室外景致在一個平面上產生關聯性，並得以將內部空間向外延伸至外部世界。比如典藏於尼斯美術館的《魚、花與靜物》、《黃色台座與兩扇窗》等作品。

在這些作品中，值得特別注意的是《杜菲夫人的肖像》，在此畫中，杜菲採用單一的藍色背景，觀者的

杜菲　《聖·阿德斯的沙灘》　油彩、畫布

視覺焦點自然會落在杜菲夫人身上洋裝的繁複圖騰與桌巾的複雜圖案上面，是杜菲作品中較少出現的單一背景處理方式。

1937 年，60 歲的杜菲首次遭受關節炎病痛的打擊，二次大戰結束後，杜菲前往波士頓接受關節炎的治療，隔年病情好轉，繼續寫生作畫並返回巴黎。1952 年，杜菲的 41 件作品參加第 26 屆威尼斯雙年展，並獲得國際繪畫大獎。那年雷傑（Fernand Léger）也有參展，結果雷傑比杜菲晚了一屆才拿到此項榮譽。杜菲對於自己在威尼斯的展覽相當滿意，他表示：「我終於認識了自己所不認識的杜菲，而且心中更加平靜。」

1953 年，杜菲因心臟病逝世，享年 75 歲。他一生的繪畫生涯並不曲折蜿蜒，雖沒有如其他二十世紀的藝術巨匠們轟轟烈烈，但依然為後人景仰與緬懷，因為他的作品中充滿了詩意及明確的快樂，看不見人生的悲劇，傳達的完全是關於生命的甜蜜與美好。

杜菲　《魚、花與靜物》　油彩、畫布

杜菲　《杜菲夫人的肖像》　油彩、畫布

尼斯現當代美術館入口外觀

　　尼斯現當代美術館位於尼斯繁華的市中心，屬於一座推廣當代藝術教育的美術機構，兩個令人稱讚的特色包括：不收門票費用，採取自由樂捐形式；全館開放攝影。南法蔚藍海岸地區主要以上世紀的現代藝術為主，較缺乏適合展示當代藝術作品的展館，而且光是現代藝術的文化資產已經夠我們看不盡了。幸好尼斯做為南法的活躍大城，對當代藝術的推廣不遺餘力，這個質與量俱佳的美術館是絕不容錯過的藝術行程據點。偌大的廣場上，首先映入眼簾的是巨型公共藝術作品，出自卡爾德（Alexander Calder）、妮基（Niki de Saint Phalle）等人之手。

　　尼斯現當代美術館這棟白色的現代建築於 1900 年夏天開館，建築師為依夫‧拜亞（Yves Bayard）和亨利‧維代爾（Henri Vidal），美術館被設計成一個 360

度的建築體，主要由 4 座大理石建築物構成，彼此之間以玻璃通道相連，屋頂處則設計以拱橋串聯，觀眾在參觀最後，可至屋頂沿著動線環繞一圈，眺望美術館周圍的尼斯美景。

美術館二樓主要作為臨時展覽使用，3、4 樓則為常設典藏展，超過上百位藝術家的 1200 件豐富典藏品，時間跨度從二十世紀 60、70 年代至今，相當精采。

典藏展部分，從三樓開始進入「新寫實主義與美國普普主義」展區，法國新寫實主義（Nouveau Réalisme）產生於二十世紀 60 年代左右，是隨著歐洲工業文化發展而產生的一種新穎的獨立藝術流派，可說是機械的、工業的和廣告洪流的衍生物。

特展展品，安尼旭・卡普爾（Anish Kapoor）的紅蠟裝置作品。右圖為細部。

　　藝術家將天然或人造材料、工業產品或碎片、廢棄物、社會流行符號等元素重新組織於作品中，藉此形成新的藝術概念。當年伊夫・克萊因（Yves Klein）、阿爾芒（Arman）、馬夏爾・雷斯（Martial Raysse）這三位藝術家可謂新寫實主義藝術的鼻祖，另外還可看到塞薩（César Baldaccini）、阿曼（Arman）等人作品。

　　同時期，美國藝術家則從大眾文化中發展出所謂的普普藝術，比如安迪・沃荷（Andy Warhol）、羅伯特・印第安納（Robert Indiana）、李奇登斯坦（Roy Lichtenstein）、湯姆・衛塞爾曼（Tom Wesselmann）等人作品。

　　接著進入「妮基與丁格力」展區，2001 年 10 月，即妮基逝世的前一年，她捐贈了約 190 件作品給尼斯市政府，包括 63 件畫作與雕塑與 120 件版畫，部分作品永久陳列於此供觀眾欣賞。做為新寫實主義流派的唯一一位女性藝術家，妮基從早期的集合藝術作品，發展到射擊繪畫，以及廣為人知的「娜娜」系列雕塑作品，使她成為 20 世紀最受歡迎的法國藝術家之一。

上二圖／「新寫實主義與美國普普主義」展區。

1961 年起，她先以射擊繪畫聞名。射擊繪畫由木或金屬結構裡面藏顏料袋，然後為熟石膏所覆蓋，底層完成後以 22 口徑步槍進行射擊，顏料隨之濺出，透過如此行動，讓每件作品保有獨一無二的面貌。

　　當時這種創作觀念與風格可說相當前衛，於是妮基開始在各地展覽，包括巴黎、瑞典、加州、阿姆斯特丹等地進行現場射擊演出。

　　她說：「畫作變成了死亡與復活的神幕。我射擊著我自己，射擊著不公的社會。我射擊著我自身的暴力亦射擊著時代的暴力。藉由射擊我自身的暴力，我不再像背負著重擔一樣，被迫拖曳著自身內在的暴力 。」

　　在此展間中，除了妮基各種形式的藝術表現之外，也陳列著她丈夫讓‧丁格力（Jean Tinguely）的雕塑作品。

妮基創作於 1962 年的射擊繪畫作品。

妮基　《樹下的新娘》　複合媒材雕塑　1963-1964

上二圖／妮基　《四個娜娜的噴泉》　複合媒材雕塑　1974-1991

上二圖／妮基的「娜娜」系列，打造出各種圓胖胖的女性形象。

丁格力　《藍色浮雕》　廢鐵、木頭等複合媒材　1978

丁格力向來以機動藝術創作聞名，透過作品暗諷文明工業社會中盲目生產過剩的現象，他也曾經與伊夫‧克萊因密切進行過藝術創作。妮基與丁格力兩人的愛情故事始終傳為佳話，並在藝壇之路上相互扶持了一生，位在巴黎龐畢度藝術中心一側的史特拉汶斯基噴泉（La Fontaine Stravinsky），正是夫婦倆的共同創作。

「妮基與丁格力」展區後接著是「伊夫‧克萊因」（Yves Klein）展區，自從美術館開幕以來，在歐洲各現當代美術館中，這個展區是相當特別且重要的一區，因為集中並永久展示著克萊因的二十多件作品，包括藍色單色畫、金色單色畫、藍色時期人體測量圖、火系列作品、克萊因藍雕塑等，簡潔地涵蓋了克萊因短暫一生的各種藝術嘗試。

其中展示了藝術家克里斯多（Jaracheff Christo）與克萊因共同描繪的一幅畫作，主題是克萊因的婚禮，更象徵著克萊因生命晚期的一個美好記憶，不禁令人惋惜如此富有才華的藝術家，竟在 34 歲便因心臟病而逝世。

此外，約有 3 個展廳陳列著「尼斯畫派」的作品，尼斯是法國 20 世紀 60 年代「新寫實主義」運動的重要發源地。除了上述所提的伊夫‧克萊因、阿爾芒、馬夏爾‧雷斯之外，當時還有所謂的「70 團體」（Le Groupe 70），由路易斯‧夏卡利（Louis Chacallis）、馬克斯‧卡佛隆（Max Charvolen）、維威翁‧依斯納（Vivien Isnard）、塞吉‧馬卡費利（Serge Maccaferri）、馬丁‧米格（Martin Miguel）等人組成，後來各自獨立繼續自己的創作發展。最後則有「美國抽象主義」展區與屋頂的「伊夫‧克萊因」花園。

沿著屋頂路線可環繞美術館一圈，穿插有幾件公共藝術作品。佇立於此，遠望尼斯舊城，蔚藍海岸色彩映入眼簾，海洋藍、檸檬黃、蘋果綠、橘色、赭色、粉白與粉黃，賞心悅目的城市景觀盡現眼前，混著地中海氣味的微風從遠方吹送過來，為尼斯之旅劃下句點，但藝術行旅仍尚未結束。

上／義大利藝術家翁莉卡（Enrica Borghi）利用寶特瓶與塑膠袋製作的裝置作品。
下／勞生伯　《延展》　架上複合媒材　229×199×30 cm　1979

伊夫・克萊因
Yves Klein

　　其實，不太清楚是被「克萊因」或是「克萊因藍」所深深吸引。但無論是哪一項原因，都與克萊因這位二十世紀中葉叛逆不羈的前衛藝術家有關。

　　伊夫・克萊因（Yves Klein, 1928-1962），1928 年出生於法國尼斯，父母親都是畫家，但他對於藝術並不感興趣，16 歲參加高中會考未通過，便在尼斯國立海洋商務學院東方語文系修習日文，並且學習柔道。

　　1947 年開始嘗試單色畫，22 歲時便在倫敦發表最初的單色畫作品。1952 年他到日本東京講道館學習柔道 15 個月，並獲得柔道黑帶四段的頭銜，但當他回到法國後，法國卻不承認此頭銜，克萊因只好先到西班牙教學幾年後，才返回法國開設自己的柔道館，欲將教授柔道作為自己的終生事業，他出版了一本《柔道入門》後，由於種種原因，他的柔道發展計畫胎死腹中，但他還是暫時先一邊教授柔道，一邊創作他的單色畫作品。

　　為何克萊因會對單色畫著迷呢？

　　他自幼跟著阿姨、外婆一起信仰「玫瑰十字教」（Rose-Croix），這個教派於十七世紀初在德國興起，後來長期流行於歐美，倡導人們輕肉體重心靈，輕物質重精神，追求人的生命與宇宙精神的和諧統一，追求至高形而上精神的王國，星體的王國。因此，克萊因希望透過「純粹的色彩世界」，達到如此的理想境界。

可惜，兩次單色畫展的結果不佳讓他感到挫敗。最後，他得出一個結論是，不僅是單色畫，還應該在單色畫的領域中走得更遠，於是放棄其他單色的一一呈現，只集中在藍色的微妙處理上。在克萊因的眼裡，藍色代表的是天空、水和空氣，是深度和無限，是自由和生命，藍色是宇宙最本質的顏色。

1956 年秋天，克萊因和化學家愛德華・阿當（Edouard Adam）共同研究出了一種特殊而迷人的深藍色顏料，將特殊配劑的顏料粉混合後，溶解在醚與石油衍生品的溶液中，以滾筒在畫布或木板等底層上滾塗，所得藍色之層面，呈現飽和而沒有暈色變化或畫家個人手繪的痕跡，只有滾筒在層面形成的輕微波狀感，顏色顯得純粹而完美。

克萊因的單色畫後來被認為是二十世紀最經典的單色畫創作之一，而如此神祕魔幻的藍色後來也有了一個專有名詞：「國際克萊因藍」（International Klein

克萊因作品展示廳，尼斯現當代美術館收藏有克萊因的二十多件作品。

Blue）。克萊因說：「借助色彩，我體會到一種與空間同化的感覺，我是真正自由的。」這批藍色作品問世後隨即在西班牙、義大利、德國和英國展出，引起歐洲藝術界極大關注，克萊因隨之成為法國前衛藝術中最耀眼的明星。

1958 年 4 月，克萊因在伊麗斯‧克蕾爾畫廊（Galerie Iris Clert）舉辦了一場名為「空」的展覽，展覽前他將內部空間的所有物品清空，並把牆壁刷白，這個空無一物的空間即為他的作品，開幕之夜僅憑邀請卡入場，一次只讓少部分人進入參觀，高級轎車停在畫廊門口，華服女郎蒞臨，展覽與藝術家本身皆引起熱烈討論，法國知名作家卡繆（Albert Camus）並在留言簿上寫下：「『空』充滿著力量。」

克萊因的想法天馬行空，在他所創造的各種藝術形式中，最令人談論的除了原創的「國際克萊因藍」之外，便是讓沾著顏料的模特兒在畫布上移動，以印出痕跡。

克萊因在 1958 年 6 月開始進入這個全新嘗試的試驗，他將模特兒稱為「活畫筆」，在一位年輕的模特兒身上塗上藍色顏料後，把她拉在紙上拖動，直到整面紙滿佈色彩，成為一幅藍色單色畫。1960 年 3 月，克萊因在巴黎的國際當代藝術藝廊正式對外發表「藍色時期人體測量圖」系列，後來延續此系列而有不同的畫面表現，他說，人體之首要在於「身軀與腿部，是那裡存有隱藏在知覺世界後面的真實世界」。

克萊因的單色畫由橘黃色開始，轉向藍色為主，又由藍色演變為玫瑰紅、金色的表現，這不只反映在畫作上，在海綿雕塑與海綿浮雕或氣磁雕塑上都有所表達，而更進一步地，他以完美的技術呈現出他對於金箔的運用，並且創作出金箔單色畫或是結合金箔、藍色浮雕、現成物的作品。

1962 年 1 月，克萊因和相處多年的德國藝術家女友蘿特奧‧于克（Rotraut Uecker）舉辦了一場盛大婚禮，他甚至將整場婚禮視為一次行為演出來進行，但結婚不到幾個月後，興致高昂的他參加坎城影展時，對於導演扭曲他的藝術創作歷程深感不滿，當天晚上便出現了心臟病的徵兆。

6 月 6 日，克萊因因為第三次心臟病發作而逝世，其好友讓‧丁格力認為，

克萊因在格森克欣歌劇院進行裝飾工程時，每天讓大量海綿泡在藍色顏料中，並以人工樹脂使其硬化，他當時一天工作時間長達 12 小時，也沒有戴口罩，或許是因為化學藥劑的原因，導致他產生了心臟方面的慢性疾病。

畫商伊麗斯‧克蕾爾則認為是他創造出來的藍色顏料的丙酮溶劑害死了他，因為長期的接觸，使克萊因的心臟動脈硬化。克萊因自己在生前則曾經表示，年輕時因為柔道訓練，服用過刺激性的藥物。

在克萊因意外逝世的前不久，他曾在日記中寫下：「現在我要到藝術之外、感性之外、生命之外。我要到空的中間。我的生命必須像 1947 年我的交響曲，一個持續的音響，自開始與結束之中解放出來，在時間之內同時又是永恆，因為它沒有開始，沒有終結。我要死去，而人們可以談到我：他死了，所以，他活著。」

伊夫‧克萊因從沒受過學院訓練，他說：「一個人不是成為一個畫家，而是突然發現自己是畫家。」

「繪畫應像一種靈妙的附著劑，或可以說一種媒介物。它觸及藝術家神秘的創作行動，同時又是行為發洩強有力的忠實記載。」

他一生最追求的應該是「從來沒有誕生也沒有死亡的東西」，一種絕對的價值。

克里斯多與克萊因　《婚禮的畫作》
壓克力顏料、畫布　213×148 cm　1962

雖然僅在這世上生活了 **34** 年，真正進入藝術領域大概也只有 **7**、**8** 年左右的時間，他創造了上千件作品，涵括各種已存在或尚未被發掘的藝術形式，**30** 多個國內外展覽，奠定他在二十世紀藝術史中的一席之地。

　　他或許不是某一種特定主義的大師，卻是單色繪畫、光影藝術、偶發藝術、身體藝術、環境藝術、觀念藝術等的實踐者與先驅。

從尼斯現當代美術館屋頂的「伊夫‧克萊因」花園眺望尼斯街景。

ANTIBES
安第布

港口城市安第布的海灘，夏日吸引了大批渡假人潮。

安第布火車站出口前方就是港口，停泊著一艘艘亮白色遊艇，海的氣味相當濃厚。

　　在尼斯火車站坐上地區火車，不到 30 分鐘便抵達安第布（Antibes）。安第布具有典型的地中海氣候，冬暖夏涼，一直以來都是南法的理想城市，難怪安第布的人口數量僅次於尼斯，在濱海阿爾卑斯省（Alpes-Maritimes）排名第二。沒有尼斯的喧鬧、沒有坎城的奢華、沒有山城小鎮的孤靜，這裡單純地只屬於大海，只適合帶有輕盈心情的旅人。

　　一出火車站，飄來陣陣港口特有的專屬氣味，港邊停滿了白色高級遊艇，乾淨的藍天白雲下，這些遊艇白得發亮，甚有氣質，每艘船的名字也頗為優雅，比如索菲雅女士（Lady Sofia），海面波光正映照在船身閃爍著。

　　此行的目的地是畢卡索美術館，有兩條路線可以選擇，一是沿著海岸的散步道，另一則是穿越市區街道，由於這一天巧遇週末，我選擇了市區那條路線，穿越跳蚤市集，和風日麗，欣賞著沾染歷史感的小玩意，心中滿溢著新鮮感。

　　逛完市集後，先走到最靠近海邊的道路，如此一來，還可以在尚未抵達畢卡索美術館前，欣賞一小段無邊無際的湛藍地中海。往下俯瞰，海灘上聚集許多不怕烈陽的戲水者，各種顏色的泳裝、浴巾、太陽傘，斑斑點點裝飾了泛白的沙灘。

靛藍色的寧靜海面其實滿熱鬧的，漁船、遊艇緩速移動，海鷗們忙得不可開交，天空上則不時地有飛機掠過的兩道曳長白色痕印。走著，前方路旁出現一棟面海的石頭城堡，我知道畢卡索美術館到了。

1944 年 8 月，巴黎在撤離的德軍槍響中甦醒，巴黎再度重拾自由，戰爭的結束讓畢卡索再度懷抱著歡欣鼓舞的創作熱情。1945 年 8 月，畢卡索終於設法離開巴黎，重回久違的南法地中海地區，1946 年他在安第布遇見了一位機靈的博物館負責人蘇契和（Romuald Dor de la Souchère），館長出於增添美術館收藏的願望，原本想向畢卡索要求一幅以安第布為主題的畫作，畢卡索含糊地答應，但又抱怨他一直找不到寬敞的空間作畫，蘇契和立刻慷慨相助，將博物館騰出空間供畢卡索創作使用，由於當時很難買到畫布，所以畢卡索訂購了一堆的大尺寸硬紙板，並且買了可以買到的各種顏料，接下來的 4 個月，畢卡索拿著古堡鑰匙，心情愉悅地展開了創作進度。

古堡的地理位置實在太誘人，這裡有著挑高的天花板，粉紅色磁磚鋪成的地板，以及從關著的百葉窗中透進來的海面反射的陽光，走到露台即可遠望蔚藍的地中海與海灘上的悠閒人群。這個時期的畢卡索，比他一生中任何階段都更富有田園式生活樂趣的情調，他對地中海的依戀，遠溯到更古老的古希臘神話，因此，神話中的主角，如山林水澤女神、田野牧神、人馬怪物等，紛紛重現於他在港口、咖啡館、市集所遇到的朋友、當地居民、漁民們之中。這些新的繪畫和同時所做的素描，以一種既天真又複雜的新視野，反映了地中海的古典傳統文化，色彩皆相當柔和，藍色、粉色、赭色和綠色占據了大部份，跳舞和吹笛的歡樂情緒，賦予這些紙板油畫一種黃金時代的蓬勃朝氣與活力氣息。

在這種新發現的幸福中，很少有人來打擾畢卡索，他這個時期的伴侶是芳索絲·吉洛（Françoise Gilot），芳索絲與他共同居住了 10 年，並且生下一男一女，分別是克勞德（Claude）與帕洛瑪（Paloma）。在 1947 年上半年，畢卡索繼續進行他那停不下來的自刻石版畫，前後約 8 個月共完成了 50 多幅作品，題材依然是理想之鄉的人物、山林水澤女神、人馬怪物、裸體舞蹈者、公牛、山羊以及重新出現的情侶等主題。

巧遇週末，索性先逛逛跳蚤市集，和風日麗，欣賞著沾染歷史感的小玩意，
心中滿溢著新鮮感。

畢卡索美術館
MUSÉE PICASSO

畢卡索美術館位在格里馬迪城堡內，1928 年市政府將這座城堡買
下，做為藝術展覽之用途。

畢卡索美術館位在格里馬迪（Château Grimaldi）城堡內，最初建於西元四世紀的羅馬時代，十四世紀為摩納哥王室的格里馬迪家族所擁有，十七世紀初，法國國王亨利四世獲得這處封地，格里馬迪家族遷居至位於濱海卡涅（Cagnes-sur-Mer）的城堡，而原本位於安第布的舊城堡則逐漸年久失修。

在蘇契和的強烈建議推動下，1928年安第布市政府籌款將這座古蹟城堡買下，做為藝術展覽之用途。

1946年畢卡索在蘇契和的提議下，搬進了古堡內進行創作，最後他留下了23件作品在2樓的工作室內，蘇契和是一位相當具有遠見的美術館學者，這個空間已經被名為「畢卡索的畫室」對外開放參觀畢卡索作品，但蘇契和的使命並不僅此於此，他希望畢卡索的名字能跟安第布緊緊相連。於是蘊釀將古堡轉變為獨立且純粹的畢卡索美術館。

由於這項提議，畢卡索提供更多的作品供美術館典藏。1957年，畢卡索獲頒安第布的「榮譽市民」，1966年12月，格里馬迪城堡正式更名為「畢卡索美術館」，蘇契和則被任命美術館第一任館長。

隨著時間遞嬗，如今，走入安第布的畢卡索美術館，除了可以欣賞到大量的畢卡索作品之外，館內亦典藏了不少的現當

畢卡索美術館入口處的海報

1948年畢卡索與博物館負責人蘇契和於館內合影。

代藝術品，尤其是抽象藝術，比如尼古拉·德斯塔（Nicolas de Staël）、漢斯·哈同（Hans Hartung）、潔曼妮·理奇耶（Germaine Richier）、米羅等人作品。值得一提的是，尼古拉·德斯塔與安第布的關係。

　　尼古拉·德斯塔在歐洲現代抽象藝術的發展進程中具有重要位置，1940 年代，他已經是享譽國際的抽象藝術家，但即便如此，他對於這些所謂的「成功」似乎並不在意。不到 40 歲，他已患有嚴重憂鬱症，為了尋找一處寧靜的居住之所，他在 1954 年 9 月舉家搬遷到安第布，而沮喪、疲憊、失眠和抑鬱始終沒有因為南法溫暖的陽光而減輕，不到一年時間，1955 年 3 月，德斯塔選擇以自殺方式結束生命，享年 41 歲。

　　德斯塔逝世後，畢卡索美術館為他舉辦了一次展覽，其遺孀則將德斯塔在安第布創作的作品捐贈給美術館典藏。在美術館的這 4 件典藏品中，最令人感動的是德斯塔那尚未完成的絕筆之作《音樂會》（Le Concert），作品尺寸為 350 乘以 600 公分，是一件尺幅相當大的畫作，畫面雖然以鮮紅色為主要色調，但背後的情緒卻滿是孤寂與落寞，右方的大提琴已沒有琴弦，中間是散落的琴譜，左側

德斯塔　《音樂會》　350×600cm　油彩、畫布　1955 年 5 月

則是一台深黑色鋼琴，音樂不再流動，生命的每一日始終面對著死亡，德斯塔描繪的不是害怕死亡的恐懼，而是藝術失去靈魂與精神的絕望。

再回到畢卡索身上吧。來到安第布的畢卡索美術館，最重要的一件典藏品肯定不容錯過，就是《生之喜悦》（La Joie de vivre），畫面充滿親切的南法色彩：淡藍色與淡黃色，主題彷如神話裡的世外桃源一景，音樂、舞蹈洋溢著絕對的自由，左右兩邊各有一名吹奏者，兩隻微笑的可愛山羊正歡欣起舞，中央一位身材曼妙的裸女，象徵的既是山林水澤女神，同時也可詮釋為是芳索絲·吉洛。

這些主角們被安置在沙灘、海水、天空和船隻構成的場景裡，盡在不言中的生命的美好與愜意，畢卡索以一幅畫完整地涵蓋一切。看完此作，再望向窗外的碧海藍天，全身細胞被注入活力與樂觀氧氣，這就是南法氣息的最大魅力之一。

另一件作品也相當令人玩味，即《綠色背景的裸女》，畢卡索大玩線條與結構遊戲，裸女彷彿一座雕塑品，雖然肢體經過變形，但觀者依然能夠辨識出頭部、胸部、身軀與彎曲的雙腳，裸女的神情似乎若有所思，茫然地看著前方。在這座畢卡索美術館內，觀眾看見的畢卡索作品大多充滿喜悦與歡樂氛圍，以及各種天馬行空的陶盤、陶瓶彩繪，因此，置身美術館裡的當下，心情自然感到舒適愉快，參觀完室內展品後，露台的雕塑品亦不容錯過。

經過天井的阿曼（Arman）雕塑作品，穿越

畢卡索　《綠色背景的裸女》　165×147.5cm　1946

鐵鍛雙門，來到接天接海的古堡陽台，這裡放置著數件雕塑，最先映入眼中的是潔曼妮‧理奇耶（Germaine Richier）的家屬捐贈的四件銅雕人像，站在陽台的圍牆上，守望著美術館與地中海，青銅被太陽曬得發燙。環視一周，還可發現米羅的《大海女神》（La Déesse de la mer），另一側有個插入磚牆的大箭頭，那則是波阿希耶夫婦（Anne et Patrick Poirier）的作品《朱彼特與翁塞拉特》（Jupiter et Encelade），在希臘神話中，翁塞拉特是泰坦神族最後殘存的百手巨人，但最終仍被宙斯打敗，並由雅典娜將其埋葬在西西里島的埃特納（Etna）火山之下。

　　離開畢卡索美術館時，陽光正烈。悠閒地散步到市中心享用午餐，沿途經過許多深具地方特色的商店，特別令人印象深刻的是白色服飾店，裡頭販售著各種白

畢卡索　《生之喜悅》
120×250cm　1946

色棉布或麻布製成的衣服，為了對抗南法豔陽，淺色的棉麻衣料是當地人的最愛。

於是，我想像著身穿白色襯衫、短褲、涼鞋的畢卡索，一派悠閒地從美術館穿梭到市區。而我，則是準備享受慢活步調，尋著畢卡索的足跡，從安第布坐上公車前往小鎮瓦洛利（Vallauris）。

1952 年，畢卡索遇見了賈桂琳·洛葛（Jacqueline Roque），並且與芳索絲·吉洛的關係轉冷，隔年芳索絲帶著小孩返回巴黎，成為第一位主動離開畢卡索的女人。1958 年，畢卡索搬到普羅旺斯附近的弗文納爾格（Vauvenargues）城堡，過著更為低調的生活。

畢卡索美術館一樓展廳，牆上為漢斯‧哈同作品。

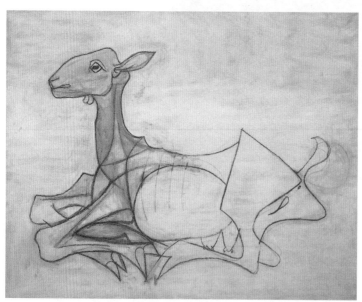

畢卡索　《山羊》　119.6×149.5cm　1946

　　1961 年，80 歲的畢卡索與賈桂琳在瓦洛利結婚，儀式相當簡單，而且那一
年畢卡索意外地尋獲一個寂靜的鄉間老農莊，人文氣息濃烈且交通便利，還有一
個「永生聖母」（Notre-Dame-de-Vie）的美名，遠離紅塵卻又不完全與世隔絕，
距離坎城僅有 8 公里，畢卡索滿心歡喜地搬到此處，直到 1973 年因感冒引起的
肺病而逝世。他晚年的每一件作品，幾乎都在南法和煦的陽光下完成。

畢卡索美術館露台有幾座雕塑，左為潔曼
妮‧理奇耶作品，右為米羅作品。

陶藝小鎮瓦洛利

VALLAURIS

瓦洛利

安第布的畢卡索美術館之旅結束後，在市區的公車站搭上通往瓦洛利（Vallauris）小鎮的公車，因為不確定要在哪一站下車，索性坐到終點站「Vallauris」，公車司機把車子停在路邊熄火，往後看了一眼，大概心想：「居然還有一位東方人沒下車！」

　　他問我：「小姐，請問你要去哪裡？」我回答：「我要去看畢卡索的作品，在 Vallauris 不是嗎？」於是他有點懊惱地說：「你剛剛應該在上一站下車，不是在這裡下車。」額頭直冒汗的我很尷尬地回問：「那現在怎麼辦？」「來，跟我過來。」

　　我走在他後方，一同穿越沒有車輛也沒有行人的柏油大路，對面停著一輛回程公車。這位微胖、帶有布魯斯威利神情的公車司機，向車上正在看報紙、帶有威爾·史密斯神情的年輕司機打招呼，他們彼此間的高亢問候簡直充滿了南法陽光的熱情。

　　「這位小姐坐過頭了，你能載她一程嗎？」「當然沒有問題！」

國立畢卡索美術館中庭內的藝術作品

　　我急忙道謝後，乖巧地坐在第一排座位上。小巴士的引擎聲轟隆作響，但冷氣似乎沒發揮多少作用，車上唯一的司機和目前唯一的一位乘客開始聊起天來。他送我到下一站時說：「走過去幾步路往左轉就到了。祝福你的畢卡索之旅有愉快的一天。」

　　下車後，看見路上的巨大陶盆花器，當年回憶再度被勾起，沒錯，這就是我曾經造訪過的迷你小鎮瓦洛利。

　　葡萄田、橄欖樹林和薰衣草叢在小鎮邊緣層層排開，畢卡索在 1937 年曾經由慕岡（Mougins）出發，造訪了鄰近的這座小鎮，大自然的豐富色彩和純樸寧靜，對他產生了強烈吸引力，使得畢卡索在 1948 年帶著芳索絲‧吉洛（Françoise Gilot）和他們的第一個小孩克勞德（Claude）遷居至此。

　　瓦洛利是個陶瓷工藝小鎮，畢卡索在小山上購買了一棟別墅，安定好家居生活後，便投入到陶瓷創作之中，他結合繪畫和雕刻的天賦，在馬都哈（Madoura）陶藝廠內塑造出無數的陶器，展示架上相繼出現了白鴿、公牛、貓頭鷹、猛禽、婦女頭像等造形的各類壺罐。

　　畢卡索做陶的觀念和方式之大膽，甚至嚇壞了他那些製陶師傅朋友們，因為他藐視一切燒陶的溫度法則，但最後竟成功地完成超出成規的作品。比如他用兩個大拇指既堅定又輕柔地擠壓，沒幾下就完成一個優美女人形體的花瓶，他以驚人的速度，學會了判斷黏土、釉料和火之間的相互關係，經常聽取有經驗的工藝師們的意見，然後又總是按照自己的方法進行工作。

瓦洛利是陶瓷小鎮，路上隨處可見陶盆花器。

畢卡索在瓦洛利的日子十分快活，一邊抱著愉快的心情努力工作著，一邊用輕鬆的態度享受南法的悠閒時光。

每天早上，他穿著背心、短褲和涼鞋到陶瓷工廠工作，下午則經常去游泳，很難相信這個階段的畢卡索已經將近 70 歲了！他沉浸在天倫之樂當中，經常和兩個小孩嬉戲，1950年代在蔚藍海岸一帶，每天中餐時間或在某處海灘發現畢卡索一家的蹤跡，消息就會傳遍大街小巷，有時還會引來不少對畢卡索感到好奇的人圍觀。

畢卡索有一張照片是坐在餐桌前，桌上擺著兩個手指形狀的大麵包，那個就是發跡於瓦洛利的「畢卡索麵包」。當年全鎮的居民都對這位白髮黑眼、身材矮小的老人敬仰不已，因為畢卡索的定居，讓他們原本已經沒落的小鎮名氣再度名揚四方。很久以前，瓦洛利的麵包師傅就開始製作這種麵包捲，上面有四個圓柱造形，就像又短又粗的手指，這種麵包最後被俗稱為「畢卡索麵包」，因為畢卡索常把它握在袖口旁，讓人看了不禁莞爾一笑。

有這麼一位藝術名人住在鎮上，自然要想辦法讓他留下一些永存作品在這裡。這時畢卡索已經捐贈了一件銅雕作品《人與綿羊》給瓦洛利市政府，市政府為了未來的旅遊經濟考量，特地將一座已供俗用的十二世紀禮拜堂規劃讓畢卡索加以裝飾，當時好幾位藝術家如雷傑、馬諦斯、布拉克等人都已經為不同的教堂進行裝飾工作，但對畢卡索而言，他想裝飾的不是一座教堂，而是一個和平的殿堂。

上／畢卡索與「畢卡索麵包」。
下／國立畢卡索美術館另一側的畢卡索眼神壁畫。

國立畢卡索美術館
MUSÉE NATIONAL PICASSO

　　1936 年至 1939 年發生的西班牙內戰，曾經激起畢卡索的國家與反戰意識，促使他完成了舉世聞名的畫作《格爾尼卡》（Guernica，1937）。在二次大戰與冷戰時期，畢卡索也繪製了多幅反戰爭題材的畫作。1950 年夏天，朝鮮半島上展開了一場意識型態的戰爭，這場戰爭是二戰後冷戰中的一場「熱戰」，分別支持南北韓雙方的多個國家不同程度地捲入這場戰爭。畢卡索以此為題，創作了《朝鮮屠殺》一作。

　　在畢卡索 70 歲生日時，瓦洛利的陶匠們在那座禮拜堂內為他舉辦 70 歲慶生會，畢卡索再次望了望教堂的拱形石頂，終於答應把這裡裝飾一番，這裡的中堂是由堅固的圓筒形石屋頂蓋成的，沒有窗戶，一頭通向多年來做為橄欖壓榨場的空間，另一頭則通向街道，畢卡索的想法是，用一大幅油畫完全覆蓋這個中堂牆壁，又由於他剛完成《朝鮮屠殺》，因此他希望這個空間能傳遞出「戰爭與和平」的意涵。

　　走入教堂，一面牆上描繪著戰爭，另一面則是和平，兩件作品相連於天花板，盡頭則是「四海一家」意象的半圓形作品。為了完成《戰爭》與《和平》這兩件大作，畢卡索曾將自己關在福爾納路（rue de Fournas）上原是香水工廠的畫室內兩個月，每天起床後，他會先去製陶廠工作，然後回到畫室創作，並且不接見任何人。

　　他一開始是從《戰爭》這件作品著手，從右邊開始讀起，地面被象徵鮮血的紅色填滿，拿著沾有鮮血刀子的惡魔騎乘著車子駛向牛羊，遠方背景可看到正在殘殺敵人的黑色人影，畫面散發著戰爭的恐怖感，而這些瘋狂舉止，在左側的巨人面前似乎被阻止了，他拿著畫有白鴿的白色盾牌，置身於藍色背景中，為陰沉的故事情節帶來希望之光。

　　而在《和平》中，畫面底色主要由藍色、綠色、白色構成，左方有一對母子、

觀眾可寧靜地坐在洞內欣賞這幅巨作《戰爭與和平》。

正在做陶的人（可說是畢卡索自身的投射），中央則是一名小男孩，驅趕著一匹飛馬，再旁邊則有舞蹈者、吹笛者，值得注意的是，一根桿子的兩頭分別是裝著燕子的魚缸和裝著魚的籠子，象徵著幸福並不容易維持，隨時都很有可能面臨災難的危險。

從唯一的入口走入教堂內時，首先會看到正前方的半圓形作品，描繪四個不同顏色的「人」，分別是黑色、黃色、紅色、白色，他們用雙手共同捧著一個圓球，球體裡面有一隻銜著橄欖樹枝的白鴿，背景則是天空般的淺藍色，線條簡潔，訊息明確，透露出人類追求真善美之和平境界的願望。

由於這個空間的特殊性，當年畢卡索曾經突發奇想，甚至建議參觀者以參觀拉斯考克（Lascaux）洞穴壁畫的方式，舉著火炬欣賞牆上的畫作，當然這個建議並沒有被採納。雖然這 3 件作品無法跟《格爾尼卡》給人的震撼程度相比，但如此特殊的欣賞角度卻只有親自來一趟瓦洛利才能體會。目前美術館除了這間存放畢卡索永久作品之外，樓上空間則用來舉辦臨時的現當代藝術展。

離開美術館後，繞到美術館後方的公車亭等車，一回頭，畢卡索那堅韌的雙

畢卡索《戰爭與和平》，上／《戰爭》下／《和平》。

眼直盯著我。「不論你做什麼，你都會被鎖鏈束縛，不做這件事的自由，反倒強
制我們去做另一件事。就是束縛的枷鎖。自由是會說謊的，即使是一模一樣的字
詞，它也會變成另一件事，有時候甚至是完全相反的事。」獨自一人在這個看不
見海的南法小鎮，看起來的確享受著絕對自由，但似乎正如畢卡索的洞見，「自
由是會說謊的……」。

CAGNES-SUR-MER
濱海卡涅

一條通往格里馬迪城堡的悠緩小徑。

Accès
Chateau Musée

無人小徑，坐在小階上看這片落葉，
是美的收穫。

濱海卡涅（Cagnes-sur-Mer）顧名思義，是個濱海的小城鎮。位在丘陵地形的上城區（Haut-de-Cagnes）帶有濃厚的中古世紀感，登上格里馬迪城堡（Château-Musée Grimaldi）的屋頂可眺望地中海與整座小鎮；市中心（Cagnes-ville）則是現代化的商業區域；瀕臨海灘的則為漁港區（Cros-de-Cagnes）。

這座小鎮就像塞尚之於艾松普羅旺斯、梵谷之於亞爾一樣，此地與印象派大師雷諾瓦（Pierre-Auguste Renoir, 1841-1919）密不可分，最知名的藝術景點即為雷諾瓦的晚年故居。

從尼斯搭上火車，約略 15 分鐘即可抵達濱海卡涅車站，從火車站出來後朝著指標走，即可抵達雷諾瓦美術館（Musée Renoir），小鎮規模不大，氣氛清新宜人，街上到處可看到繁花裝飾，與雷諾瓦畫作的氣質頗相近。

美術館日前不久進行了一次長時間的閉館整修，預計 2013 年 7 月再度對外開放，美術館內的畫作、古董家具、手稿等物品，則暫時移到格里馬迪城堡內的展廳陳列。

蔚藍海岸的生活美學完全自然地體現在居民的生活之中。

雷諾瓦美術館
MUSÉE RENOIR

　　上一次來訪雷諾瓦美術館時，適逢復活節假期，初春的寧靜與陽光，瀰漫在橄欖樹園中，坐在草地上遠望對面山頭的格里馬迪城堡，至今依然難以忘懷那份情景。

　　雷諾瓦故居位在一個小山坡上，因此往美術館的路線是向上爬坡的，周圍極其寧靜，大多是別墅住宅，偶有門內大狗因遊客的陌生氣息而大聲吠叫。跨入一道掛著美術館字樣的鐵門後，眼前是通往橄欖園的小徑，而別墅則置身在這片園區的中心。

雷諾瓦美術館庭院一隅 © Fondation du Patrimoine

　　1841 年，雷諾瓦出生於法國以瓷器聞名的里摩日（Limoges），3 歲那年全家北上巴黎。1854 年，年僅 13 歲的雷諾瓦在父母的安排下，進入一家瓷器工廠當學徒，為白色的杯盤彩繪，這四年的學徒生涯，讓雷諾瓦學習到以細緻的筆觸畫出花卉和人像，為日後的繪畫奠定了紮實基礎。1862 年，他如願進入巴黎美術學院接受學院派的訓練，並在此認識了莫內、畢沙羅、希斯里（Sisley）和佛德列克・巴齊耶（Frédéric Bazille）等多位才氣縱橫的朋友，經常聚在一起談論各自的創作觀點。

　　雖然被歸於印象派大師之一，但雷諾瓦對自身的藝術發展始終努力不懈，「1883 年左右，在我的作品中出現了斷層。我發現自己變得既不會繪畫，也不會素描，總之一句話，我走進了死胡同。」為此，雷諾瓦開始尋找新的出路，進入到所謂的「安格爾的」階段，意味著畫面較接近古典主義風格。

　　但在他研究了提香和委拉斯蓋茲之後，又讓他放棄了以素描做為底圖的方法，在後來的油畫中，他用紅色概括勾勒出要表達的形象輪廓，然後用各種色彩去完成這個形象，鮮明溫暖的色調賦予他的畫作一種柔美卻不甜膩的溫情。

雷諾瓦故居至今仍維持著當初的樣貌 © Fondation du Patrimoine

進入二十世紀後不久，健康問題中斷了雷諾瓦的成就和經濟安定的大好時光。愈來愈嚴重的風溼症困擾著他，醫生建議他搬到南部居住，因為那裡的氣候較溫和、日照時間較多，有鑒於此，雷諾瓦終於決定離開巴黎。

自 1908 年直到他 1919 年逝世為止，這段期間他生活並創作於位在濱海卡涅的這片橄欖樹園與別墅中。當他在 1907 年 6 月購入這片地產後不久，便立刻著手進行整修，別墅由一位尼斯的建築師費伯文何（Febvre）設計打造，隔年秋天，67 歲的雷諾瓦帶著 49 歲的妻子阿麗娜（Aline）與 14 歲的讓（Jean）、6 歲的克勞德（Claude）一同入住於此，至於 23 歲的長子皮耶（Pierre）則選擇獨自留在巴黎。

雷諾瓦逝世後，其資產包括這片莊園由 3 個兒子繼承，後續主要是由小兒子克勞德打理一切，直到 1960 年 4 月，濱海卡涅市政府終於得以從克勞德手中購入這片莊園，並改造成美術館，同年 7 月底，雷諾瓦美術館得以正式對外開放參觀。

1996 年 8 月，這片園區正式被登錄在歷史遺產之列，雷諾瓦故居至今仍維持著當初的樣貌，包括一片古老的田地、蓄水池、火爐、洗衣場和花園，目前園區共有十二處開放參觀。至於內部空間，透過克勞德·雷諾瓦的回憶與建議，完全被細心地維持著雷諾瓦生前的陳設與氛圍，正如同畫家生前所營造的一股親切的、簡單自然的、詩意的氣氛。

走入建築物內，可看到雷諾瓦生前使用的家具、他熟悉的工具，牆上還有當年的黑白影像紀錄，以及一些繪畫、雕塑和素描作品。最令人印象深刻的是畫室中的那把輪椅，它被放在畫架前方，無言地流露出雷諾瓦生前對於繪畫的熱情與追求精神。當年雷諾瓦雖然已經搬到南法居住，風溼症依然沒有辦法痊癒。

1912 年，雷諾瓦雙腿癱瘓，但仍不中斷創作。他坐在輪椅上，把畫筆綁在已經變形的手上，並使用一個能夠移動的特殊畫架作畫，儘管費力又費時，雷諾瓦依然辛勤地工作不綴。此外，藉由與年輕雕塑家理查·季諾（Richard Guino）的合作，他在此完成了一批雕塑作品。

或許已經預感到自己的離世，他在 1919 年北上巴黎參觀羅浮宮，並看到自己

雷諾瓦美術館內，雷諾瓦生前使用的家具。© Fondation du Patrimoine

在橄欖樹下休息片刻，即可感受到雷諾瓦畫中那股彷如來自希臘的異國抒情感。

© Fondation du Patrimoine

的作品被懸掛在其中，對於一位畫家而言，如此榮耀與肯定可說是死而無憾了。

1919 年 12 月，雷諾瓦病故，享年 78 歲。

去世那天的上午，他不顧肺炎病入膏肓，要求家人給他顏料和畫筆。讓・雷諾瓦在回憶錄中寫道：「他想畫銀蓮花，我們好心的女傭人已經出門幫他搜集，他一連幾小時都在畫這些鮮花，把病痛置之腦後。後來他叫人幫他拿著畫筆，並說：『我覺得我開始對它明白點了。』當天夜裡他就逝世了。」

雷諾瓦一生畫了超過 6000 幅的作品，可說是其他印象派畫家們望塵莫及的驚人數量。昔日的雷諾瓦美術館館長喬治・杜索樂（Georges Dussaule）曾表示：「參觀這裡，能獲得最令人感動也最鼓舞人心的體驗。在橄欖樹下休息片刻，沐浴在穿透松葉的陽光下，即可感受到雷諾瓦畫中那股彷如來自希臘的異國抒情感。當代藝術經常傳達著悲痛與憂傷，而此處則像是特殊的保留地，像是人間天堂，某種程度可媲美奧林帕斯山，讓藝術家們得以找回藝術最初的使命。」

登上格里馬迪城堡屋頂，俯瞰整座濱海卡涅小鎮。

夏季造訪濱海卡涅，隨處可見充滿清新不造作的綠意街景。

SAINT-PAUL DE VENCE
聖保羅德芳斯

不到三千名居民的小鎮，每年卻能吸引兩百多萬名遊客來訪。

一條往上的狹小石子道路，遊客已絡繹不絕穿梭著。

　　聖保羅德芳斯（Saint-Paul de Vence）可説是目前為止最令我鐘情的南法小山城，原因特別簡單，因為它很小（約花半天時間就可繞完全鎮），也因為它很藝術（到處都是琳琅滿目的畫廊）。

　　這座小村莊沒有宏偉的美術館，但小鎮外不遠處有一個重量級的現當代美術館——瑪格基金會美術館（La Fondation Marguerite et Aimé Maeght），除此之外，來到聖保羅德芳斯，最要緊的事情就是：漫步、散步，極盡所能的緩步遊覽。

聖保羅德芳斯地上可見拼石子的裝飾，非常可愛！

　　聖保羅德芳斯距離尼斯約 12 公里，當年希臘人在馬賽、摩納哥、尼斯一帶建立殖民地，後來遭羅馬人入侵，而在西元 476 年左右，西羅馬帝國毀滅，入侵的民族在地中海沿岸地區相繼築起堡壘城市，而聖保羅德芳斯就是在這個情況下建造而成。

　　目前該村莊人口不到 3000 人，面積約 1700 英畝，但每年卻吸引達 250 萬人次遊客來訪，其吸引遊人之處，大約是除了整年有大半時間是晴天，也擁有濃厚的藝術氛圍。自上世紀 20 年代許多作家、畫家、詩人、電影導演和劇作家都被此處的閒情逸致氛圍吸引而來。

　　進入小鎮只有一條主要幹道，入口左手邊有一間知名的「金鴿飯店」（La Colombe d'Or），招牌是一隻飛翔在藍天的金色鴿子。

　　該旅館開設於 1920 年代，原本是一間有露台的咖啡酒吧，名為「Chez Robinson」，天氣晴朗的週末，露台上可看到客人們曼妙的舞姿。不久，酒吧擴充為有 3 個房間的旅店，人氣與名氣始終沒有削減過。

盛行於法國的滾鐵球遊戲。

金鴿飯店的可愛招牌

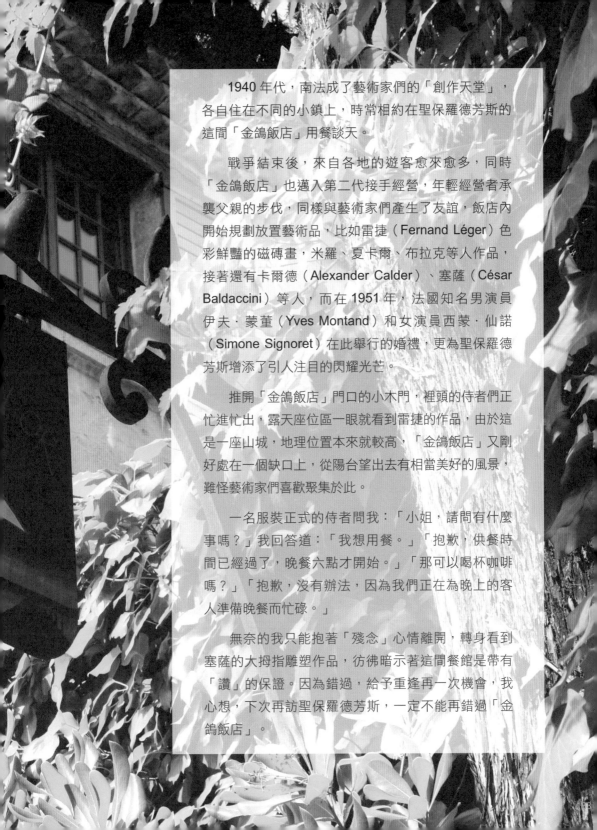

1940 年代，南法成了藝術家們的「創作天堂」，各自住在不同的小鎮上，時常相約在聖保羅德芳斯的這間「金鴿飯店」用餐談天。

戰爭結束後，來自各地的遊客愈來愈多，同時「金鴿飯店」也邁入第二代接手經營，年輕經營者承襲父親的步伐，同樣與藝術家們產生了友誼，飯店內開始規劃放置藝術品，比如雷捷（Fernand Léger）色彩鮮豔的磁磚畫，米羅、夏卡爾、布拉克等人作品，接著還有卡爾德（Alexander Calder）、塞薩（César Baldaccini）等人，而在 1951 年，法國知名男演員伊夫·蒙董（Yves Montand）和女演員西蒙·仙諾（Simone Signoret）在此舉行的婚禮，更為聖保羅德芳斯增添了引人注目的閃耀光芒。

推開「金鴿飯店」門口的小木門，裡頭的侍者們正忙進忙出，露天座位區一眼就看到雷捷的作品，由於這是一座山城，地理位置本來就較高，「金鴿飯店」又剛好處在一個缺口上，從陽台望出去有相當美好的風景，難怪藝術家們喜歡聚集於此。

一名服裝正式的侍者問我：「小姐，請問有什麼事嗎？」我回答道：「我想用餐。」「抱歉，供餐時間已經過了，晚餐六點才開始。」「那可以喝杯咖啡嗎？」「抱歉，沒有辦法，因為我們正在為晚上的客人準備晚餐而忙碌。」

無奈的我只能抱著「殘念」心情離開，轉身看到塞薩的大拇指雕塑作品，彷彿暗示著這間餐館是帶有「讚」的保證。因為錯過，給予重逢再一次機會，我心想，下次再訪聖保羅德芳斯，一定不能再錯過「金鴿飯店」。

來到聖保羅德芳斯的旅遊諮詢處，無論走到哪，先到旅遊中心拿份地圖是自助旅遊最重要的事之一。進去後，又跟櫃台的年輕小姐聊了三、五分鐘，要符合：獨自一人、東方面孔、還會說法文這三點條件的旅行者應該不多，所以常遇到對此感到驚訝的法國人，於是他們好奇地問道：「你自己一個人旅行嗎？」「是的。」「你是中國人嗎？」「喔，我是台灣人。」「你法文說得不錯，在哪裡學的？」「我大學唸的是法文系（然後自己開始沒完沒了地解釋起來）。」

對於孤獨的旅行者來說，一整天也許只有類似如此的對話，因為其他時間都與孤獨相伴，與心靈對話，而這些與陌生人交談的短暫時刻，都讓我感到興奮和愉快，充分享受著當年苦讀法文帶來的畢生受用的好處。

打開地圖，上面標有 17 個數字，代表聖保羅德芳斯的 17 個景點，由於地方太小了，只需要半天時間，散步繞一圈，就能輕易地走完這 17 個景點。開始探索聖保羅德芳斯！

走出旅遊諮詢處的小門後，往右側看去，一條往上的狹小石子道路，遊客已絡繹不絕穿梭著。小道兩側大多數是空間不大的藝廊，在還沒進入參觀前，不妨先欣賞吊在門上的招牌，這也是參觀聖保羅德芳斯的一大樂趣。

相當喜歡那種鍛鐵結合名稱與圖案的招牌，歲月的磨損只會增加它的歷史感，這些招牌們與石頭建築融合在一起，除了用心的設計感之外，更呈現一份生活美學態度。光是欣賞這些招牌與櫥窗物品，時間早已流逝得不知不覺，更別提，還有轉角那帶有鍛鐵扶手、可愛盆栽的迷人小徑。

欣賞懸掛在門上的招牌，這也是參觀聖保羅德芳斯的一大樂趣。

聖保羅德芳斯的主要小道兩側大多數是空間不大的藝廊。

ATELIER
ALAIN

Glacier artisanal
italien
DOLCE
Italia
Caffe-Cappuccino

走在聖保羅德芳斯，其實很難拍到「醜」的畫面。

迷你小巷內經常可見藤蔓圍繞而成的小拱門。

聖保羅德芳斯的紀念品商店，可看到由薰衣草、橄欖油製作的各種商品。

弗隆禮拜堂
LA CHAPELLE FOLON

　　我選擇了一條石階小徑，朝弗隆禮拜堂（la Chapelle Folon）的方向走去。這個小教堂的名稱其實應該是白衣苦修士禮拜堂（la chapelle des Pénitents blancs），但由於內部已經被藝術家讓一米歇・弗隆（Jean-Michel Folon, 1934-2005）進行裝飾，空間也早已沒有任何宗教功能，索性簡稱為弗隆禮拜堂。讓一米歇・弗隆是誰呢？

　　這位比利時藝術家出生於 1934 年，早期學習建築，不久後便沉浸在插畫藝術領域中。1960 年代晚期，他於紐約發跡，其水彩作品頗受好評，並且嘗試多元化的創作媒材，且受邀參加威尼斯雙年展、聖保羅雙年展等國際藝術大展，1973 年他以畫家身份獲得聖保羅雙年展大獎。70 至 80 年代，弗隆替法國電視公司製作了幾個片尾動畫，大幅度地提高了其作品在法國的知名度，並持續在世界各地的美術館舉辦藝術展。2000 年時，弗隆創立了自己的基金會美術館，地點位於比利時的拉宇普（La Hulpe），裡面可看到弗隆一生的創作軌跡，也可體會到，在他創作中那股最純真的質樸性情。

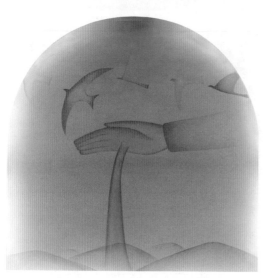

　　推開弗隆禮拜堂的大門，映入眼簾的是玫瑰大理石雕塑作品《泉》，其實這名男子正是弗隆自身的投影，高大身材，戴著一頂圓頂高帽，舉起的右手臂上，有鳥兒歇息著，這位主角置身在泉水源頭，腳邊是一處小水池，周圍還有數隻鳥兒。

　　而在此作後方，則是 106 平方公尺面積的馬賽克作品，磁磚全數在米蘭以特殊的「拉威納」（Ravenna）技術完成，近看後發現，整面牆全由 1 平方公分的小磁磚拼貼而成，色彩與圖案極為細膩，天空中的太陽是一只大眼睛，城市宛如聖保羅德芳斯的縮影，璀璨而耀眼。前方還有一件青銅雕塑品《誰？》，在一隻巨大的手掌中，站著一位小人。

　　接著環顧四周，兩側牆面共有八件油畫作品，上方則有四扇玻璃彩繪作品。八件油畫作品的畫面讓觀者感到輕盈、寧靜與祥和，輕柔的色調帶有粉彩畫的質感，這是弗隆最具特色的創作風格，利用紅、藍、綠、黃等乾淨純色組成的漸層色彩，暈染在簡單線條的物體內，比如手、鳥、彩虹、山，平靜是畫面最核心的氛圍，而畫面背後的弦外之音，則是其中蘊藏的深厚議題，人類、自然、生命，置身於此，頓時感到淡淡悲傷，如此和諧的畫面，反映的不是你我當下的現實環境，那是烏托邦的虛幻夢境，我們還能追求沒有汙染的身心靈狀態嗎？

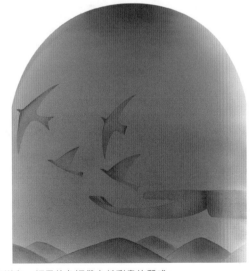

八件油畫作品的畫面讓觀者感到輕盈、寧靜與祥和，輕柔的色調帶有粉彩畫的質感。

弗隆禮拜堂內部，左圖為青銅雕塑品《誰？》，右圖為玫瑰大理石雕塑作品《泉》。

以玫瑰大理石製作的《泉》，男子肩上停留著一只可愛鳥兒。

有人曾經問過弗隆：「你最想成為什麼動物？」他回答：「一隻鳥。」「那麼你想要怎麼死亡？」「用飛的離開世界。」

安東尼・聖修伯里所寫的《小王子》影響了世界上的無數讀者，故事簡單，寓意卻深遠；同樣地，弗隆的繪畫語言正如同《小王子》，透過最單純天真的眼光，看見世界最美麗的本質。

上一組遊客已經離開，留我獨享整室的靜謐，當我再度關上弗隆禮拜堂的木門時，內心充滿祥和之感，如此難能可貴的平靜與快樂，使得聖保羅德芳斯在我心目中又被添加了好幾分。

午後豔陽炙熱，剛剛那個空間跟眼前這個現實似乎是完全沒有交集的兩個世界。街上晃蕩的遊客們，紛紛捧著五顏六色冰淇淋，我禁不起誘惑，也加入他們的行列，買了兩球冰淇淋，並且順利地找到一處沒有人的小石階，坐著，享受香草和覆盆子冰淇淋在舌尖融化的快感，雖然聽不見談話聲，但屋頂的鳥兒們卻熱鬧得令人有點心煩起來，此時，一陣微風從左側吹來，我朝風吹來的方向看去，這才發現那尊小石雕，上面刻著人的面容，雙眼是闔起的，嘴唇成圓形，難道剛剛那陣微風是他吹送出來的？

我繼續舔著兩種口味已經混為一種口味的冰淇淋，一邊對自己的想像感到得意。這個小石雕其實只是一個花器，將它放置在門口的主人，肯定沒有想到，這個石雕花器在這個時間點，居然能為一名來自遠方的旅人帶來如此美好想像。

很多時候，我們之所以著重美感，不僅是為了自己，同時也是為了他人，美感會感染、會傳遞，當一整排房子只有你家的外表最醜的時候，你肯定隔天一早會決定進行改造，當整排房子的主人們都考慮到一定的美感時，這個地方很難會不美麗。

享用完冰淇淋，也該跟石雕道別了。繼續順著地圖往墓園方向走去。南法城鎮的紀念品商店通常有兩樣熱銷產品：薰衣草和橄欖油，雖然每間店的產品都差不多，但每間都令人有想進去逛的衝動，仔細觀察，會發現這些產品的包裝跟日本產品很不一樣，尤其喜歡食物的包裝，完全是簡單乾淨的南法風格，不裝可愛，也不裝高貴，就像它們原本該有的模樣。

一陣微風吹來，我朝風吹來的方向看去，發現了這尊小石雕。

　　走入位於聖保羅德芳斯市中心的這處墓園，一個規模很小的墓園，但就東方的傳統看法，此地風水極佳，因為視野特別開闊，這裡躺著一位我心儀已久的藝術家：馬克・夏卡爾。

　　先前在尼斯看過馬諦斯的墓之後，可說已經打了預防針，但站在這裡，在夏卡爾的墓碑前，我簡直難過得想哭。不是因為夏卡爾早已逝世，而是因為，夏卡爾美術館裡那些感人的作品是出自他之手，那些作品如此充滿著愛、幻想與自由，充滿著豐富色彩，而截然相反地，他的墓卻樸素得令人感到鼻酸，沒有鮮花，沒有裝飾，只不過是一個刻有夏卡爾名字的方形水泥塊，上面排列著一些追悼者留下的石頭。

　　我甚至懷疑，這或許只是一個與夏卡爾同名同姓的人的墓碑罷了。

　　我的這份藝術感傷很快地被高溫陽光蒸發，金色夕陽籠罩著聖保羅德芳斯，包圍著走在山城西側的我。在一顆開滿粉紅色花朵的樹旁等待公車，這棵令人讚歎的花樹享受著日光浴，猶如一個完美的圓形句點，我確信將再次來訪，下一次，我要記得在夏卡爾的墓碑前，放上一束色彩繽紛的花束。

夏卡爾的長眠之地以及夏
卡爾之墓。

瑪格基金會美術館

La Fondation Marguerite et Aimé Maeght

Fondation Maeght

通往瑪格基金會美術館的綠蔭大道

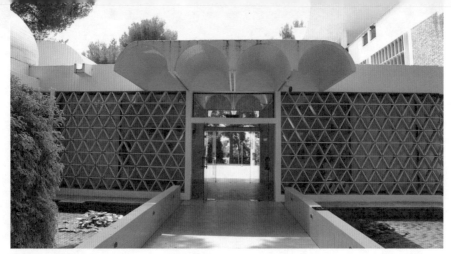

瑪格基金會美術館入口處。

瑪格基金會美術館（La Fondation Marguerite et Aimé Maeght）距離聖保羅約步行 20 分鐘，是一處不容錯過的現當代私人美術館。

遠離小村莊的熱鬧氛圍，此處的寧靜空氣與藝術品透顯的氣質簡直太迷人，令人幾乎捨不得離開。做為歐洲第一間私人美術館，瑪格基金會美術館於 1964 年 1 月 28 日對大眾開放，顧名思義，該座美術館是由瑪格夫婦成立的同名基金會執行運作的藝術機構，用來展示基金會典藏的大量現當代藝術品，同時也經常舉辦臨時的當代藝術特展。

進入園區後，映入眼簾的是一批矗立於草地上的雕塑品，包括艾德瓦多·奇利達（Eduardo Chillida）、皮耶·塔科特（Pierre Tal Coat）、讓·阿爾普（Jean Arp）、安東尼·卡羅（Anthony Caro）、亞歷山大·卡爾德（Alexander Calder）等人的抽象雕塑，以及造形逗趣的米羅（Joan Miró）作品。

在尚未踏入美術館時，不妨先仔細欣賞一下美術館的建築外觀。當年瑪格夫婦夫婦委託西班牙建築師喬瑟普·路易·塞特（Josep Luís Sert）設計這座美術館，他是米羅的好友，也為米羅設計了位於西班牙帕爾馬（Palma）市郊的米羅工作室。如同美術館的標誌，該建築物擁有兩片半圓形的弧狀屋頂，一左一右，彷彿兩張被輕輕捲起的白色紙張，乾淨典雅中帶有輕盈的動感。

進入美術館後，左半邊的數個展廳通常會用來舉行特展，隨著展廳順序欣賞展覽，突然發現窗外的一處小天井，頓時令人心情愉悅，雖然無法走到花園內，

上四圖／瑪格基金會美術館內部一隅，一樓左側展廳為臨時特展區，經常舉辦當代藝術展。

館方刻意設計讓觀者透過玻璃去發現這個帶有水池的小巧庭院，水池底下有布拉克（G. Braque）的馬賽克作品《魚》，翠綠草地上則是三座色彩鮮豔的米羅雕塑，活潑感十足。結束左區展廳的欣賞後，來到美術館中間的空地，這裡名為「傑克梅第庭院」（cour Giacometti），可想而知放置著哪位藝術家的作品了。

接著來到右邊的常設展區，一樓可看到精采的夏卡爾作品《生命》（1964），如果生命能接近此畫所繪的境界，可說是一趟最完整的生命之旅了。人生不外乎必須歷經生、老、病、死，在這幅作品中，手舞足蹈的小丑、樂師們，似乎象徵著生命過程中的歡樂與喜悅，生命在移動的旅程中，唯有自己願意並且用心，才能譜寫出愉悅的曲調。

除了夏卡爾之外，展廳內還可看到雷捷、波納爾（Pierre Bonnard）、美國女藝術家瓊安‧米雪兒（Joan Mitchell）的作品。

結束該展區後，先別急著逛美術館商店，建議先順著樓梯往上前往頂樓露台。來到屋頂露台，清風吹來，混有南法乾燥的陽光氣息，午後樹上的蟬兒們狂鳴，遠方有藍天、白雲、深綠色的樹林，還有藝術品！

　　對面屋頂上有一件看似公園涼椅的裝置作品，寫著「per quelli che volano」，意即「給那些飛翔者」，可以解讀成供鳥兒們棲息的椅子，當然也可以將其涵義延伸為抽象的心靈小語。探頭往下，則是方才看到的「傑克梅第庭院」。

　　除此之外，另一側的下方則是美術館的另一重頭戲：「米羅迷宮」（labyrinthe Miró）。準備沉浸在「米羅迷宮」之前，先來回顧一下米羅的成就。

　　1893 年米羅誕生於西班牙巴塞隆納一個工匠家庭，長大後不顧父親的反對，進入美術學校學習，並自 1915 年起投入繪畫領域，就再也沒有改變過。米羅年輕時期受到塞尚、梵谷和馬諦斯的影響，造就了畫面上一種地中海式的野獸主義，亦即自由奔放，幾近激烈且不究細節的色彩。

　　1918 年，25 歲的他舉行首次個展，但展覽稱不上成功，隔年他首度遊訪巴黎，並結識畢卡索和一群移居巴黎的藝術家、文學家們，也接觸到阿波里奈爾和賈柯布的現代詩、達達主義等。

瑪格基金會美術館典藏作品展區。

per quelli che volano

頂樓露台對面屋頂上有一件看似公園涼椅的裝置作品，寫著
「per quelli che volano」，意即「給那些飛翔者」。

超現實主義之父普魯東（André Breton）曾經說過：「在我們這一群人當中，米羅是最超現實的。」

米羅在 1920 至 1930 年代是超現實主義流派的中堅份子，他的作品猶如自發性的詩句書寫，又猶如夢境般天馬行空，米羅發現了自發性繪畫獨特非凡的力量、物質中的抒情成分和表達最深層感受的方法。

雖然此處看不到米羅精湛的繪畫作品，但在他的立體雕塑作品中，同樣可以感受到他那股探究萬事萬物本質的精神，比如鳥兒，他觀察鳥兒，感受到鳥兒的本體，也就是鳥兒真正的存在本質，觀察、觀察、再觀察，當人與自然的某個本體相通時，會把人類的本質反映回到自己身上，因此，我們看到的，不僅是米羅眼中觀察到的鳥兒的本體而已，同時也透過雕塑這個媒介，感受到米羅做為一名藝術家而存在的本質狀態。

經過超現實主義的洗禮後，米羅成了現代藝術史上獨一無二的米羅，他的獨特風格富有

藝術家米羅。

夏卡爾 《生命》 油彩、畫布 296×406cm 1964

波納爾 《夏天》 油彩、畫布 260×340cm 1917

雷傑 《鄉間聚會》 油彩、畫布 245×301cm 1954

米羅公園，一座天馬行空並充滿歡樂的樂園。

極高辨識度。2011 年時，有幸在佛羅倫斯欣賞了一場難得的特展：畢卡索、米羅、達利。3 位藝術家的年紀皆相差約 10 年，展品順著年代的脈絡進行布展，可看到畢卡索一路把立體派發展到無人能及的境界，而當中最年輕的達利則是完全擁抱放任不羈的超現實主義，而介於兩者之間的，正是載詩載夢的藝術家米羅。

畫面中躍動的具象物體不是被立體幾何切割，也不是處在超現實的不受控制之中，米羅開拓了一方自由天地，讓他創造的造形藝術在其中飛翔，有立體派的解放線條，也混有超現實主義的浪漫。那場展覽至今依然令我難忘。

回到瑪格基金會美術館的「米羅迷宮」，這裡約有十幾座米羅作品構成一個完整的氛圍，每件作品各異其趣，各自懷有獨特的個性，而它們共處在這個被大自然環抱的園區中，藝術完完全全地被融入自然，連噴泉的出水口也是一件藝術品，不得不佩服美術館規劃者的用心。

此外，更值得一提的是，這裡的氣氛讓參觀者感到親切，絕非那種精心雕琢、高不可攀的「藝術園區」，簡而言之，創辦者對於藝術的熱情與愛好，很自然、直接地體現在整座美術館的內外，若對藝術沒有如此狂熱，肯定無法打造這般看似隨意其實用心極深的雕塑公園。

能流連在「米羅迷宮」，確實令人感到欣喜，偶爾還能瞥見對面的小房小樹，沐浴在金色陽光之中，那是相當熟悉的南法陽光，歷年來藝術家們追求的那種獨特金色光芒，始終沒有改變過。

寧靜與祥和瀰漫在松樹的針葉末端，走過每一處轉彎皆有不同驚喜與景致。樹上蟬鳴依然活力十足，偶爾幾隻倦鳥從頂上藍天飛過，真可惜，牠們大概沒辦法意識到，自己能居住在此處，是多麼幸福的一件事。但若真能與牠們對話，或許牠們會說：「住在這裡也是有這裡的煩惱呢！」

紀念品區外牆可看到夏卡爾的馬賽克瓷磚作品。

米羅創作於 1967 年的作品。

十幾件米羅的雕塑作品，構成一完整氛圍，每件作品各異奇趣，各自彰顯著獨特個性。

位置較偏僻的國立雷傑美術館，相對較少觀光遊客。

BIOT
畢歐

由於此行重點主要是藝術之旅，畢歐（Biot）雖然在名單之列，但前往畢歐完全只是為了「國立雷傑美術館」（Musée National Fernand Léger），不巧，美術館位置有點偏僻，當參觀完美術館時，已經沒有多餘的時間前往小鎮中心，只好為下一次的旅行留點遺憾做為藉口。

　　準備下車時，整台公車上只有我一個人要下車，顯得不太放心，於是再次詢問司機下車之後該朝哪個方向前去。這名戴著深黑色雷朋墨鏡的年輕司機，非常有自信地回答：「是的，小姐，下車之後往前走，看到岔路往右轉，再直走一小段路就會到了。」

　　雙腳離開公車踩在地面上時，發現自己獨自一人，朝司機所說的方向，走在

這條南法小鎮偏僻郊區的柏油路上，偶爾幾台車輛經過，想必駕駛心中也感到納悶，這名異國女子怎麼獨自在這路上走著。

我依照路牌跟司機的指示，朝著應該是正確的方向緩速前進著，向晚的陽光依然熱烈，一滴滴的汗珠等不及想從肌膚表層溢出，我愈走愈慌，因為一路上連半個人影都沒看到。

倒是途中經過一個看似有趣的盆栽博物館，招牌寫著斗大的「Musée du Bonsaï」，上面畫了一個種在盆栽裡的觀賞用小松樹，這間博物館說不定是東方人開設的，我心中揣測著。還好這間博物館招牌轉移了我的注意力，否則真的懷疑自己是否走錯了路。

通過盆栽博物館不久，終於，看到前方印有雷傑作品和美術館名稱的旗幟。

走進園區，經過一段松樹小道，依然沒有任何其他人的蹤跡，樹上的蟬還在用盡力氣抓住夏天的氣息。突然，巨大的美術館空間繽然出現在視野內，正面外觀是一件令人驚歎的巨大作品，這時，終於看到了「其他人」，我鬆了一口氣，放心地走向美術館入口，完全沉浸在雷傑的機械美學世界中。

雷傑美術館外觀。

雷傑 《露營者》 油彩、畫布 1954

雷傑與作品。

費爾南・雷傑（ Fernand Léger ），1881 年出生於法國諾曼第，早期學習建築繪圖，1900 年前往巴黎（畢卡索也於同年來到巴黎）進入一間建築事務所工作，1905 年搬到巴黎的蒙帕納斯區，1906 年因病前往科西嘉島休養（塞尚於該年逝世，1907 年巴黎舉辦了盛大的塞尚回顧展），再度回到巴黎之後，便投身於繪畫領域，展開了他做為一名藝術家的生涯。

「我對印象派有所反擊，因為我了解印象派的時代感曲調優雅，而我的年代不再如此。」為了對這種「曲調優雅」有所反彈，為了「建立一種與印象主義對立的造形秩序」，雷傑認為，必須自塞尚那種對事物的新視點，也就是一種新藝術的原始性出發。雷傑曾提到：「我沒完沒了地開拓和發覺塞尚……。塞尚教我喜愛形和體積，讓我集中力量於形的素描，我在那時預感到形應該是嚴謹的，而非感性的。」

直到一戰前夕，雷傑的作品深受塞尚與立體派影響之外，他也依照自己的邏輯，逐漸發展出「形的對比」的繪畫。他說：「我深切感到對比的法則，我知道在一幅畫中，由於對比，我賦予物件一種生命，在建構對比關係的同時，我又令畫面躍動。」而在「形的對比」中，他特別強調圓柱體和圓錐體，並開始從立體

雷傑　《紅色底的大遊行》　油彩、畫布　114.5×156.2 cm　1953

國立雷傑美術館展廳一隅。

雷傑　《紅色底的休閒活動》　油彩、畫布　113×146 cm　1949

雷傑　《四名自行車手》　油彩、畫布　112.9×161.5 cm　1943-1948

國立雷傑美術館內，從一樓走向二樓的樓梯間，抬頭便是巨幅作品與玻璃拼貼作品。

主義中脫離而出，因為立體派強調畫面是由眼睛觀察物體、進行分析而呈現在畫布上，雷傑則是選擇一個主題，直接把物體的活動呈現在畫布上，杜象在 1910 年代初期所繪的《下樓梯的裸女》也帶有同樣概念。

「你可以想像對我來說是怎樣的，突然就來了戰爭，我應召入伍，每日就要看我的同伴被迫去殺人，為了免於死。好像你讓別人死，自己就可以不死，不是嗎？一個人不能停在那裡不動。」沒錯，雷傑親身體會到戰爭的種種，身心遭受巨大折磨，然而在戰爭期間，有兩項元素影響了雷傑之後的創作特色，一是平民階級的人，另一是金屬軍械。

戰爭期間，雷傑並沒有放棄繪畫，一有時間他就畫，作品受到畫商的青睞，在戰爭結束退伍後，他立刻收到畫商的合約，大刀闊斧地參加沙龍展，一切彷彿從地獄回歸到了正常生活，甚至更加美滿。到了 1920 年代，雷傑已經被巴黎肯定為幾位主要的前衛藝術家之一，畫面的重心有時候是人物，有時則全然是物件。

美術館二樓展出的是雷傑作品常設展，其中 1930 年所畫的《蒙娜麗莎與鑰匙》曾引起許多討論，畫面左上方有個類似救生圈的藍色圓圈代表小艇，藍色圓圈右下方，接近畫面中心位置的則是一串鑰匙，每隻鑰匙順著鑰匙環展開排列，右方則有一位長髮、雙手交擺的蒙娜麗莎影像，而蒙娜麗莎的上方，又有個沙丁魚罐頭的圖案，畫面左下方則有一個黑色三角旗幟。這些物體的造形，由一捲曲的黑

上／雷傑　《物體的對照》
油彩、畫布　1930
下／雷傑　《蒙娜麗莎與鑰匙》
油彩、畫布 91×72 cm　1930

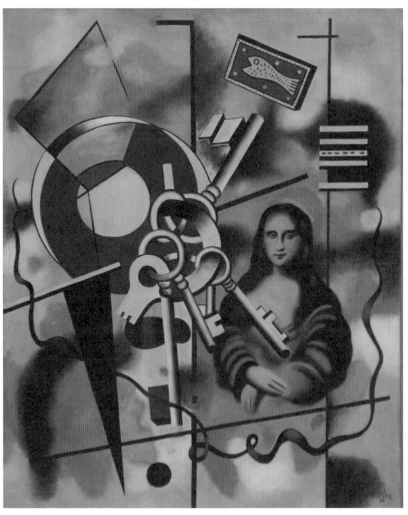

線圈起，又以幾道黑色直線分隔開來，背景暈染著土黃、黑、灰與白色，畫面的所有物體彷彿失重般地懸浮在空中。

雷傑曾解釋道：「有一天，我在畫布上畫了一串鑰匙，不知道旁邊要加上什麼，一定要放點與鑰匙完全相對的東西才行。畫完鑰匙，我走出家門幾步路後，在一家商店的櫥窗看到蒙娜麗莎的明信片，我馬上知道就是『她』，我必須把『她』放入畫面中。後來還加了一個沙丁魚罐頭，這樣造成很尖銳的對比。這幅畫我自己保留了下來，不賣此畫。」

除了物件在畫面的懸浮感之外，雷傑也把物體替換成人體，碩大形體的人物成為畫面主題。

二次大戰爆發，雷傑為了避開維琪政府的法國，在 1940 年前往美國生活，這是他第四次來到美國，並在此遇見夏卡爾、蒙德里安、馬克斯・恩斯特（Max Ernst）等人，不過他在 1945 年戰爭結束後就隨即返回巴黎。

旅居美國期間，雷傑不再用調色盤，他直接將顏料擠在畫筆上，原則上只選擇單純的原色，如紅、橙、黃、綠、藍、靛，另外加上棕紅、褐黃，當然還有用來突顯輪廓的黑色線條，以及讓畫面更趨平衡的灰色和白色。

1950 年代初期，雷傑畫了一組建築工人，他先做了許多鉛筆和墨水筆素描，畫工人的頭部、上半身、身軀、手部、腿部等部位，也畫了素描感覺的單色油畫（黑、白灰、米灰色調）。第一件《建築工人》中，只有兩位工人，一名騎在鐵架上，另一名提著黃色的框架，似乎要把框架遞給上方那位工人。第二件《建築工人》則猶如方才那件作品的擴大版，也就是目前藏於畢歐雷傑美術館中的這幅，被陳列在 2 樓左邊展廳的左手第一件，高 3 公尺，寬 2 公尺，是一件尺寸相當大的巨作。

畫面共有 6 名工人正在進行他們的工作，下方可看到 4 名工人正共同搬運一條鋼架，背景的寶藍色天空與白色的浮雲似乎暗示著他們位於高處，鋼架被以紅色、黃色與黑色構成，顯示出鋼架的強度和力度，畫面右方有一繩子，左方則有一梯子，更後方則是升降機。

有人會認為這件作品描繪的是紐約高樓的建築工程，但根據雷傑自己的描述，這是他在巴黎附近的公路上，看到一群工人正在高壓電線塔上工作著，他被那些

雷傑　《建築工人》　油彩、畫布　300×228cm　1950

工人、金屬的結構、雲朵、藍天之間的對比震撼住了。雷傑試圖在畫面上表達出人、天空、雲朵、金屬各自的特質，而這一切卻又是如此衝突且和諧地結合在一起。

雷傑是一位很能言的藝術家，他曾說：「每個藝術家擁有一種攻擊性的武器，讓他可以強硬地對抗傳統。為尋找亮度與強度，我應用機械，就像有人用裸體或靜物。我們絕不能受主題控制，我們是在畫布面前，而不是在它上邊或後面。我從不玩弄機械的臨摹，我創造機械的圖象，就像其他人創造的幻象或風景。機械的零件對我來說不是拿來即用的，不是一種姿態，而是一種用以達到賦予畫面力量與成效的手段。」

雷傑除了油畫、素描之外，亦從事插畫、舞台服裝設計、電影、建築策劃、壁畫、嵌瓷、嵌玻璃，1949 年還開始做陶瓷。就在他逝世（1955）前不久，他在畢歐擁有一塊土地，在此建立了一個陶瓷工作室，當他逝世後，其妻子決定在此建立一個美術館，典藏雷傑留下來的大量藝術作品。這個私人美術館於 1960 年 5 月揭幕，直到 1967 年，他們將美術館與 348 件作品全數捐贈給法國政府，於是雷傑美術館在 1969 年 2 月正式成為國立美術館。

上／矗立在庭院內的浮雕作品。

　　結束美術館內的機械美學巡禮後，別忘了繞到美術館後方，因為除了建築物正面有巨型馬賽克瓷磚作品之外，背面同樣也有一件巨幅作品，這裡面沒有人物或物件形象，而是由更抽象、更自由的線條組合而成，背景的黃色在夕陽照射下，金光閃閃得非常耀眼迷人。廣場一側還有雕塑作品與庭院咖啡。

　　美術館即將閉館，偌大的美術館似乎只有我這名參觀者，從剛剛踏進來後，也就只看到寥寥幾位館員們而已。是啊，我又不禁再次竊喜起來，一個人把整座美術館據為己有，讓我留戀許久直到閉館，這種享受難免顯得太過分奢侈了些，或許隨著這本書的誕生，未來雷傑美術館內會遇到更多台灣的參觀者也說不定。

雷傑　《三名樂手》　油彩、畫布　238×230.5cm　約 1930

走出園區，順著剛才那條沒有人的馬路返回公車站，但奇怪的是，對面並沒有看到站牌，難道立牌不見了，或是返程不停此站呢？由於周圍只有天空飛翔的鳥兒們，一個行人都沒有，自然沒有可詢問的對象，也總不能跑到路中央把車子攔下。只好順著唯一的馬路往下一站走去。

　　約略走了 15 分鐘，不，甚至更久。汗水涔涔，抵達下一站，這裡像是個休息站，有間迷你小超市，以及幾間沒有營業的小店，口腔內的水分已被蒸發殆盡，於是走進一間小超市裡，一進門便禮貌地向站在櫃台的老闆問好，他正在和一位男客人聊天，接著我的背後便傳來低聲細語：「她不是這邊的人吧？看樣子好像

是觀光客？怎麼會一個人在這邊呢？真是奇怪。」

　　我不知道一年 365 天當中，會有幾位像我這樣迷路的隻身遊客，闖入他們的生活之中，我心想，自己大概會成為他們今晚跟家人晚餐的話題之一了吧。走出超市，瞥見馬路對面的站牌，公車終於自遠方駛來拯救我，此時，我已沒有再多的體力轉乘火車，決定選好座位後，一路慢慢坐回尼斯市中心。在車上熟睡的夢中，彷彿也與雷傑筆下那些胖嘟嘟的人物們相遇了。

雷傑美術館建築物背後的馬賽克作品。

後記

「藝術令人生更美好!」

　　從 2005 年有幸進入藝術領域工作後,上述的想法至今愈來愈強烈。在這些年的工作中,從台灣到中國,再到歐洲等地,接觸到無可計算數量的藝術家、藝術作品、藝術展覽、藝術畫冊……,經常能在這些「藝術」之中,發現藝術家們對人生、對生活、對世界、對宇宙的各種相異思考態度,有時,在一些微小細節中,總能令我頓然獲得更多面相的思考,那種感覺就像「咦!我怎麼從來沒這麼想過呢?」接著,便會因為這樣的小驚喜收穫而欣喜不已。但有時,在無所掩飾的情緒宣洩中,我亦感染了藝術家們所體會的那份關於生命的沉重與苦難。

　　隨著年齡的增長,人生過程中所不得逃避的現實,竟大膽地以你無法預測的速度,悄然地迅速累積中,當未來的某一天,你好不容易意識過來時,你的肩上已有著無法拋棄的一份份責任感。但仔細進行分析後,這些責任感是基於對家人、對朋友、對工作而言,可是自己對自己本身呢?是否真正在意與正視自己內心所想說、所想做的慾望呢?(請原諒我這名年過 30 歲女人的多愁善感。)

　　多年以來,在藝術的啟發下,愈來愈想聆聽自己內心的聲音,某天,那個聲音說:「你應該透過書寫與更多陌生人分享這份感動。」於是我開始進行發想,該以什麼樣的角度,讓更多人(不僅是藝術領域的人,而是普遍大眾)願意對藝術抱持多一點的興趣呢?

　　2012 年初夏,我獨自前往法國與歐洲進行了一趟藝術之旅,正是在這趟旅途中,決定把這本書實現出來,不是完全的旅遊指南,亦不是距

離感遙遠的藝術書籍。南法永遠是如此迷人，那份永恆美貌，來自各個城市內在獨有的藝術文化氣質，南法不是只有海洋、薰衣草跟香水，真正最有價值的文化資產寶藏卻被我們忽略，豈不是太過於可惜。

　　願透過此書，散發更多一點的喜悅與感動，願透過此書，激發更多人對藝術的嚮往與想像。成書不易，這本書花費了我大量時間與精力，這一年多來，一邊懷念著南法豔陽，一邊反覆咀嚼著這些珍貴的藝術創作，終於好不容易完成了此書的所有內容與編排設計。當然，事事無完美，南法多處其他城市尚未被納入書中，自己也甚感遺憾，但也因此能繼續期待下一趟的南法之旅。

　　特別感謝臺灣商務印書館何珮琪主編的大力協助，以及眾多親友們的支持與幫忙，包括歐士豪、周士涵、Pascal & Anne Bruneau、Gaël & Pi-Hsia Huang Rolland、Jacques Rolland、Rose-Marie Espana、Josiane Casella、Benoît Fauvet 等人，謝謝你們讓此書更為圓滿。

　　然而，我更必須感謝的是你，這本書的讀者。如果發現錯誤，麻煩請不吝賜教；如果覺得喜歡，也請推薦給親朋好友們！

　　最後，將此書獻給我的父母。謝謝偉大的母親一直如此深愛著我，賜予我一段如此美好的探索藝術的生命。

李依依

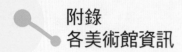

附錄
各美術館資訊

前往時請再次確認開館時間，因為有時美術館會進行整修。此外，夏季經常會推出相當優惠的美術館套票活動，若打算前往，不妨多加留意。

法伯美術館

39 Boulevard Bonne Nouvelle, 34000 Montpellier
位於蒙彼利耶市中心，靠近拉法葉百貨。
開館時間 10 點至 18 點（薩巴帝耶館邸則為 14 點至 18 點），每週一、1 月 1 日、5 月 1 日、11 月 1 日、12 月 25 日休館，7 月 14 日、8 月 15 日可能休館。
museefabre-en.montpellier-agglo.com
全票 8 歐元

塞尚畫室

9 Avenue Paul Cézanne, 13100 Aix-en-Provence
從市區搭乘 1 號公車即可抵達。
開館時間約為 10 點至 17 點（注意：中午 12 點至 14 點閉館 2 小時），1 月 1 日至 3 日、5 月 1 日、12 月 25 日以及 1 月、2 月、12 月的每星期日休館。
www.atelier-cezanne.com
全票 5.5 歐元

格哈內美術館

Place Saint Jean de Malte, 13100 Aix-en-Provence
位於艾松普羅旺斯市中心 開館時間 10 點至 18 點或 19 點，每週一、1 月 1 日、5 月 1 日、12 月 25 日休館。
www.museegranet-aixenprovence.fr
全票 11 歐元

瓦沙雷基金會美術館

1 Avenue Marcel Pagnol, 13090 Aix-en-Provence
從市區搭乘 2 號公車即可抵達。
開館時間 10 點至 18 點（注意：中午 13 點至 14 點閉館 1 小時），每週一與法國國定假日休館。
www.fondationvasarely.org
全票 9 歐元

荷阿圖美術館

10, rue du Grand Prieuré, 13200 Arles
位於亞爾市中心
開館時間 10 點至 18 點（注意：12 月至 6 月中午 12 點 30 至 14 點閉館），每週一、1 月 1 日、5 月 1 日、11 月 1 日、12 月 25 日休館。
www.museereattu.arles.fr
全票 8 歐元

夏卡爾美術館

Avenue du Docteur Ménard, 06000 Nice
位於尼斯市中心
開館時間 10 點至 17 點或 18 點，每週二、1 月 1 日、5 月 1 日、12 月 25 日休館。
www.musees-nationaux-alpesmaritimes.fr
全票 8 歐元

馬諦斯美術館

164, avenue des Arènes de Cimiez, 06000 Nice
搭乘公車 15, 17, 20, 22, 25 號可抵達
開館時間 10 點至 18 點，每週二、1 月 1 日、5 月 1 日、12 月 25 日等國定假日休館。
www.musee-matisse-nice.org
全票 10 歐元

尼斯美術館

33 Avenue des Baumettes, 06000 Nice
搭乘公車 3、8、9、10、12、22、23 號，
於 Grosso, Rosa Bonheur 下車後即可抵達。
開館時間 10 點至 18 點，每週一、1 月 1 日、
復活節、5 月 1 日、12 月 25 日休館。
www.musee-beaux-arts-nice.org
入館參觀免費

尼斯現當代美術館

Place Yves Klein, 06000 Nice
位於尼斯市中心
開館時間 10 點至 18 點，每週一、1 月 1 日、
復活節、5 月 1 日、12 月 25 日休館。
www.mamac-nice.org
全票 5 歐元

畢卡索美術館

Place Mariejol, 06600 Antibes
位於安第布市中心
開館時間 10 點至 18 點（冬季 12 點至 14
點閉館兩小時），每週一、1 月 1 日、5 月
1 日、11 月 1 日、12 月 25 日休館。
www.antibes-juanlespins.com / les-
musees / picasso
全票 6 歐元

國立畢卡索美術館

Place de la Libération, Vallauris
可從安第布搭乘公車 200 號，於 Vallauris
Golfe-Juan 站下車即可抵達
開館時間 10 點至 18 點或 19 點（冬季 12
點至 14 點閉館兩小時），每週二、1 月 1 日、
5 月 1 日、12 月 25 日休館。
www.musees-nationaux-alpesmaritimes.fr
全票 4 歐元

雷諾瓦美術館

Chemin des Collettes, 06800 Cagnes-sur-Mer
開館時間 10 點至 17 點或 18 點（12 點至 14
點閉館兩小時），每週二、1 月 1 日、5 月 1 日、
12 月 25 日休館。
www.cagnes-tourisme.com
全票 3 歐元

弗隆禮拜堂

Place de l'église, 06570 Saint Paul de Vence
位於聖保羅德芳斯市中心
開館時間夏季 11 點至 18 點（13 點至 15 點閉
館兩小時），冬季 14 點至 17 點，11 月整月、
12 月 25 日、1 月 1 日閉館。
www.saint-pauldevence.com / art / musées
/ la-chapelle-folon
全票 3 歐元

瑪格基金會美術館

623, chemin des Gardettes, Saint-Paul-de-
Vence
鄰近聖保羅德芳斯，步行前往約 20 分鐘。
開館時間 10 點至 18 點或 19 點（冬季 13 點
至 14 點閉館一小時），12 月 24 日、31 日下
午 16 點閉館。
www.fondation-maeght.com
全票 15 歐元

國立雷傑美術館

Chemin du Val de Pome, 06410 Biot
可從安第布搭乘公車 10 號，於 Musée
Fernand Léger 站下車即可抵達（公車班次較
少，注意回程時間）。或在畢歐火車站下車後，
同樣搭乘公車 10 號前往。
開館時間 10 點至 17 點或 18 點，每週二、1
月 1 日、5 月 1 日、12 月 25 日休館。
www.musees-nationaux-alpesmaritimes.fr
全票 6.5 歐元

國家圖書館出版品預行編目 (CIP) 資料

蔚藍海岸的藝術館之旅 / 李依依作. --
初版. -- 臺北市：臺灣商務，2013.09
　　面；　　公分. -- (Ciel)
　　ISBN 978-957-05-2864-0 (平裝)

1. 旅遊　2. 美術館　3. 法國

742.89　　　　　　　102015296

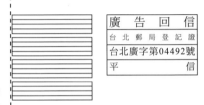

請沿虛線剪下，對摺黏貼好後，投入郵筒寄回，謝謝。

讀者回函卡

Ciel 讀者回函卡

感謝您對本館的支持，為加強對您的服務，請填妥此卡，免付郵資寄回，可隨時收到本館最新出版訊息，及享受各種優惠。

■ 姓名：＿＿＿＿＿＿＿＿＿＿＿＿　性別：□ 男 □ 女
■ 生日：＿＿＿＿＿年＿＿＿＿月＿＿＿＿日
■ 職業：□學生 □公務(含軍警) □家管 □服務 □金融 □製造
　　　　□資訊 □大眾傳播 □自由業 □農漁牧 □退休 □其他
■ 學歷：□高中以下（含高中）□大專 □研究所（含以上）
■ 地址：＿＿＿＿＿＿＿＿＿＿＿＿＿＿＿＿＿＿＿＿
　　　　＿＿＿＿＿＿＿＿＿＿＿＿＿＿＿＿＿＿＿＿
■ 電話：(H) ＿＿＿＿＿＿＿＿ (O) ＿＿＿＿＿＿＿＿
■ E-mail：＿＿＿＿＿＿＿＿＿＿＿＿＿＿＿＿＿＿
■ 購買書名：＿＿＿蔚藍海岸的藝術館之旅＿＿＿＿＿
■ 您從何處得知本書？

　　　□網路 □DM廣告 □報紙廣告 □報紙專欄 □傳單
　　　□書店 □親友介紹 □電視廣播 □雜誌廣告 □其他

■ 您喜歡閱讀哪一類別的書籍？

　　　□哲學・宗教 □藝術・心靈 □人文・科普 □商業・投資
　　　□社會・文化 □親子・學習 □生活・休閒 □醫學・養生
　　　□文學・小說 □歷史・傳記

■ 您對本書的意見？（A/滿意 B/尚可 C/須改進）

　內容＿＿＿＿＿編輯＿＿＿＿校對＿＿＿＿翻譯＿＿＿＿
　封面設計＿＿＿＿價格＿＿＿＿其他＿＿＿＿＿＿＿＿
■ 您的建議：＿＿＿＿＿＿＿＿＿＿＿＿＿＿＿＿＿＿

※ 歡迎您隨時至本館網路書店發表書評及留下任何意見

臺灣商務印書館 The Commercial Press, Ltd.

台北市106大安區新生南路三段19巷3號　電話：(02)23683616
讀者服務專線：0800-056196　傳真：(02)23683626
郵撥：0000165-1號　E-mail：ecptw@cptw.com.tw
網路書店網址：www.cptw.com.tw　網路書店臉書：facebook.com.tw/ecptwdoing
臉書：facebook.com.tw/ecptw　部落格：blog.yam.com/ecptw